Seminare und Trainings erfolgreich durchführen

Lehrveranstaltungen und Workshops planen und umsetzen

Prof. Dr. Maike Langenhan-Komus

C.H.BECK

So nutzen Sie dieses Buch

Die folgenden Elemente erleichtern Ihnen die Orientierung im Buch:

Beispiele

hier finden Sie Beispiele, die der Vertiefung und Verbesserung des Verständnisses dienen.

Checklisten	
... zwecks Berücksichtigung wichtiger Aspekte ...	✓
... in der Praxis	

als hilfreiche Zusammenfassung der Ausführungen

Praxistipp

dient der Erleichterung der Umsetzung in der Praxis.

Exkurs

der Vollständigkeit halber angedeutet.

Inhalt

Vorwort

Planen Sie gerade die Durchführung eines Seminars oder eines Trainings? Haben Sie kürzlich an einem Seminar oder einem Training teilgenommen und fragen sich, warum der Funke nicht so richtig übergesprungen ist? Überlegen Sie, ob die Durchführung von Trainings oder Seminaren vielleicht das Richtige für Sie sein könnte?

Mittels einer **themenunabhängigen chronologischen Darstellung** werden die für eine Veranstaltungsdurchführung in der Regel *notwendigen Schritte* dargestellt – von der **Idee,** über die **Vorbereitung, Durchführung** bis hin zur **Beendigung** und **Nachbereitung einer Lehrveranstaltung.**

Seminare und Trainings erfolgreich durchführen dient zum einen dazu, sich einen ersten **Überblick** – wahlweise durch das Lesen einzelner Abschnitte oder der gesamten Lektüre – zu verschaffen. Zum anderen soll dieses Buch als übersichtliches **Nachschlagewerk in der Praxis** sowohl bei der Vorbereitung als auch während der Durchführung der Veranstaltung dienen.

Auf eine Auseinandersetzung mit anderen unterschiedlichen Gestaltungsmöglichkeiten, die im vorhandenen Literaturangebot dargestellt werden, wird bewusst verzichtet. Denn letztendlich hängt die Durchführung einer Veranstaltung auch immer sehr von der eigenen Persönlichkeit ab.

Den Leserinnen und Lesern wünsche ich eine erkenntnisreiche und hilfreiche Lektüre und viele erfolgreiche Lehrveranstaltungen.

Prof. Dr. Maike Langenhan-Komus

Erfolgsanleitung

Die Durchführung von Lehrveranstaltungen, wie Seminare und Trainings, ist in der Regel eine große Herausforderung für Trainerinnen und Trainer. Entscheidend für den Erfolg einer solchen Veranstaltung ist deren **gute Planung** im Vorfeld. Dabei sollte selbstverständlich immer auch viel Raum für **flexibles Agieren, spontane Reaktionen, besondere Situationen** und **Herausforderungen** eingeplant werden.

Das Arbeiten gemeinsam mit anderen Menschen erfordert neben der guten Planung stets auch viel **Improvisationstalent,** welches durch die Auseinandersetzung mit verschiedenen möglichen Situationen im Vorfeld bereits geübt und gedanklich durchgespielt werden kann. Damit kann die authentische Reaktion im *Ernstfall* erheblich erleichtert und unter Umständen die ganze Veranstaltung *gerettet* werden.

Unabhängig davon, welches konkrete **Format** die Veranstaltung aufweist, sollen im Folgenden die einzelnen allgemein zu beachtenden Schritte dargestellt und erläutert werden. Auch wenn Veranstalterinnen und Veranstalter meist mit ähnlichen Herausforderungen konfrontiert sind, soll in Form von einzelnen *Exkursen* zusätzlich noch auf einige unterschiedliche Besonderheiten eingegangen werde. Denn es ist ein Unterschied, ob es sich um eine **eintägige** oder **mehrtägige Veranstaltung** oder sogar um eine **längerfristige, mehrwöchige Veranstaltungsreihe** handelt.

Herausforderungen unterscheiden sich abhängig von den unterschiedlichen **Adressatenkreisen.** Es macht einen Unterschied, ob die Wissensvermittlung etwa bei **berufsbegleitenden** – von den Teilnehmenden *freiwillig ausge-*

wählten – **Fortbildungsveranstaltungen** erfolgt oder ob die Vermittlung der Inhalte gegenüber einer auf Dauer angelegten Gruppe erfolgt, wie dies beispielsweise in Schulen oder Hochschulen der Fall ist. Häufig schließt sich bei letzterer Personengruppe auch noch eine zu erbringende **Prüfungsleistung** an, die Einfluss auf die Stimmung und die Durchführung der Veranstaltung hat. Ebenso von Bedeutung ist, ob **online** oder **in Präsenz** zusammengearbeitet wird.

Exkurs

Viele der hier angesprochenen Aspekte können mit etwas Kreativität auch auf online-Formate übertragen werden. Wichtig ist hierbei, einen guten Kontakt zu den Teilnehmenden aufzubauen. Ist dieser gute Kontakt vorhanden, lassen sich viele didaktische Mittel auch in diesem Format einsetzen.

Selbst die Durchführung einer Veranstaltung durch mehrere Trainerinnen und Trainer ist möglich; auch wenn diese sich an verschiedenen Orten befinden. Hier kann der parallel unauffällige Austausch mit Hilfe des Chats am Smartphone erstaunliche Dienste bei der Abstimmung leisten; sodass gemeinsam schnell und kompetent auf mögliche Entwicklungen reagiert werden kann.

Eine **souveräne Durchführung** und ein **gelassenes und kompetentes Auftreten** mit der erforderlichen **Leichtigkeit** sind wesentliche Erfolgsfaktoren. Denn der Erfolg einer Veranstaltung hängt nicht nur von den darin vermittelten Inhalten ab; stattdessen ist auch die in der Veranstaltung herrschenden Atmosphäre von besonderer Bedeutung. Auf die Inhalte und auf die Stimmung kann während der Durchführung einer

Veranstaltung durch eine gute Planung und eine sensible Vorgehensweise erheblich Einfluss genommen werden, sodass Teilnehmende gerne wiederkommen, die Veranstaltung überzeugt weiterempfehlen, Trainierende motiviert und engagiert agieren und die Veranstaltung langfristig ein **Erfolg** wird.

Einfluss auf den Erfolg einer Veranstaltung haben dabei nicht nur die Personen, die die Veranstaltung selbst durchführen; stattdessen tragen nahezu alle Beteiligten im Ergebnis eine **Mitverantwortung** für deren Verlauf. So können bereits – auf den ersten Blick unscheinbare – Verhaltensweisen einzelner Teilnehmenden erhebliche Auswirkungen haben, indem Störungen und Eigendynamiken in der Gruppe die Folge sein können. In diesem Zusammenhang kann der Wechsel von der *Erwartungs- und Konsumhaltung* in eine *aktive mitgestaltende Rolle* einen positiven Effekt haben. Auch Personen, die an der tatsächlichen organisatorischen Durchführung beteiligt sind, z. B. am Veranstaltungsort, können durch Kenntnis der gesamten Komplexität eines solchen Vorhabens im Umgang sensibilisiert werden und einen positiven Einfluss ausüben.

Mit diesem Wissen kann bei der Durchführung der Veranstaltung die didaktisch wertvolle Vermittlung der Inhalte im Vordergrund stehen und souverän mit möglichen Herausforderungen umgegangen werden, sodass die Teilnehmenden die Veranstaltung gerne besuchen.

Exkurs

Viele der genannten Aspekte sind auch auf andere Formate der Zusammenarbeit übertragbar; so kann hierdurch ein souveränes Auftreten als Führungskraft oder als Teamleitung erreicht und dadurch eine erfolgreiche Zusammenarbeit im Team verwirklicht werden.

Gute Planung ist die halbe Miete

Selbstverständlich ist es nicht möglich, jeden einzelnen die Veranstaltung betreffenden Schritt im Vorfeld detailliert zu planen. Daher wird es häufig notwendig sein, die **Planung agil** immer wieder an die tatsächlichen Gegebenheiten **anzupassen** und im Prozess zu hinterfragen, inwieweit die ursprüngliche Planung im konkreten Ablauf noch realistisch ist.

Die häufig zeitlich aufwendige Planung im Vorfeld wird sich in der Regel bei der Durchführung der Veranstaltung auszahlen.

Das souveräne Auftreten dient der positiven Atmosphäre der Veranstaltung, in der die Lehre und das Lernen leichter von der Hand gehen und im Idealfall beides den Beteiligten Freude bereitet.

Willkommen gute Idee!

Plötzlich ist sie da – die Idee, die Motivation! Oder die Idee begleitet uns schon lange und bislang fehlten nur der richtige Zeitpunkt oder die richtigen Umstände für die Umsetzung?

Manches Mal ereilen uns solche *Geistesblitze* in den merkwürdigsten Situationen und aufgrund verschiedenster (positiver wie negativer) Auslöser. Häufig verschwinden solche Ideen im Alltag wieder und werden nicht ernsthaft in Betracht gezogen, geschweige denn umgesetzt. So ist der *innere Kritiker* einfach zu laut oder die vielen anderen Dinge, die objektiv betrachtet erst einmal dagegensprechen, setzen sich durch.

Aber vielleicht ist die Idee ja doch richtig gut und vielleicht ist es an der Zeit, dass diese tatsächlich umgesetzt werden sollte und andere davon profitieren können?

Praxistipp

Damit diese wertvollen Gedanken zu einer Idee nicht einfach verloren gehen, empfiehlt es sich, diese – schriftlich oder in Form einer Sprachnotiz – möglichst gleich festzuhalten.

Ob in Stichworten oder bereits detaillierter als Textbausteine, Gliederungen, etc.; jegliche Form wird die Schritte in die Umsetzung erleichtern. Und wenn nicht sofort, dann vielleicht später. Die Gedanken sind zumindest schon mal gerettet.

Reift der Entschluss, die Idee tatsächlich in die Tat umzusetzen, so werden sich im Prozess deren Inhalte von der ersten Idee bis zur tatsächlichen Durchführung meist immer weiterentwickeln und konkretisieren. Es ist daher notwendig, sich in diesem Prozess immer wieder selbst kritisch zu hinterfragen und dabei realistisch einzuschätzen, ob die notwendigen eigenen **Kompetenzen** tatsächlich vollumfänglich **vorhanden** sind, um die Inhalte fachlich souverän, didaktisch und sozial kompetent gegenüber dem anvisierten Kreis der Teilnehmenden vermitteln zu können.

Beispiel

Führt eine solche realistische Einschätzung der eigenen Kompetenzen dazu, dass nicht alle für die Veranstaltung notwendigen Inhalte tatsächlich souverän abgedeckt werden können, kann eine Planänderung sinnvoll sein, die im Ergebnis die Veranstaltung sogar noch attraktiver werden lässt.

So kann beispielsweise die Hinzuziehung der Expertise anderer Personen für einzelne Teilbereiche dazu führen, neue Blickwinkel auf das Veranstaltungsthema zu ermöglichen. Hierdurch kann die Veranstaltung dann umso abwechslungsreicher und unterhaltsamer und die Aufmerksamkeitsspanne der Teilnehmenden erhöht werden.

Wird die eigene Kompetenz selbstkritisch und realistisch eingeschätzt, so werden sich die Teilnehmenden in der Regel vertrauensvoll auf die vorhandene Expertise und auf die Veranstaltung einlassen können und damit die Wissensvermittlung auf offene und interessierte Teilnehmende treffen. Die daraus resultierende positive Einstellung überträgt sich auf die Trainerin und den Trainer und erleichtert die Durchführung.

- Veranstaltungsideen sollten möglichst zeitnah schriftlich oder mittels Sprachnotiz festgehalten werden.
- Ein kritisches Hinterfragen der eigenen Expertise und Kompetenz ist während des gesamten Planungsprozesses immer wieder vorzunehmen, um kreative Lösungen finden zu können.

Marktsondierung

Bevor die Idee für eine Veranstaltung tatsächlich umgesetzt und mit dieser an den Markt gegangen werden kann, bedarf es einer **gut und umfassend durchgeführten Recherche** im Vorfeld.

Hierbei ist zu prüfen, welche **Konkurrenzangebote** am Markt bereits vorhanden sind und wie sich deren Inhalte konkret von der eigenen Veranstaltungsidee **unterscheiden.** Um diese Unterschiede identifizieren zu können, ist es notwendig, die **Zielgruppe genau einzugrenzen,** die durch die geplante Veranstaltung angesprochen werden soll. Bestehen entsprechende Unterschiede zum bereits vorhandenen Angebot, wird die Nachfrage dieser fokussierten Zielgruppe entsprechend hoch sein.

Für die Marktsondierung eignet sich eine **detaillierte Aufstellung** zu Thema, Kontext, Adressatenkreis, Expertise der Durchführenden, Durchführungsform (online/vor Ort), Zeitpunkt, Häufigkeit, Erreichbarkeit der Veranstaltungsorte etc. Abhängig vom Veranstaltungsthema kommen bei der Recherche eine Vielzahl unterschiedlicher Aspekte in Betracht.

Praxistipp

Es ist sinnvoll, die Ergebnisse z. B. in elektronischer Tabellenform zusammenzustellen, sodass auf diese Ergebnisse im gesamten Prozess zurückgegriffen werden kann und Ergänzungen jederzeit möglich sind.

Diese ausführliche Recherche im Vorfeld mit Hilfe der zur Verfügung stehenden Informationsquellen und Plattformen – Internet, Fachzeitschriften etc. – hat mehrere Vorteile. So dient diese zum einen der **Konkretisierung** der (vielleicht zunächst nur spontanen) Idee und zum anderen können die **Rechercheergebnisse beim Auftritt am Markt in der Bewerbung der Veranstaltung gleich genutzt werden,** um darzustellen, weshalb der Besuch für die potentiell Teilnehmenden einen besonderen **Mehrwert** darstellt; mit der Folge, damit die Motivation zur Teilnahme zu steigern.

Praxistipp

Die Begeisterung für das eigene Projekt kann dazu führen, dass die Recherche subjektiver als sinnvoll ausfällt.

Um die Suchergebnisse zu objektivieren, kann es daher zweckmäßig sein, im Bekanntenkreis die Veranstaltungsidee zu erläutern und diese Personen zu bitten, sich durch eine spontane eigene Recherche ein Bild davon zu machen, ob auch sie der Meinung sind, dass vergleichbare Angebote am Markt bislang noch nicht vorhanden sind und die Umsetzung daher sinnvoll erscheint.

Durch eine solche Maßnahme kann die Gefahr eines eigenen verzerrenden *Tunnelblicks* vermieden werden; außerdem kann gleich getestet werden, wie andere Personen auf die Veranstaltungsidee reagieren. Spontane Reaktionen oder Nachfragen dieser Personen können hilfreich sein, um das Konzept noch weiterzuentwickeln und zu verbessern.

Spezifizierung des Veranstaltungsthemas

Nachdem sich die **Idee** nach erfolgter **Marktrecherche** und im Abgleich mit einer **realistischen und selbstkritischen Einschätzung der eigenen Kompetenzen** immer weiter konkretisiert hat und die Motivation zur tatsächlichen Durchführung beständig vorhanden ist, kann das Thema der Veranstaltung genau festgelegt und deren **Titel attraktiv formuliert** werden. Zusätzlich ist ein **detailliertes Veranstaltungs- und Lehrkonzept** zu entwerfen.

Der Titel sollte dabei möglichst **positiv formuliert** sein und auf Verneinungen sollte möglichst verzichtet werden. Denn die **verneinende Komponente** im Text wird meist von unserem **Gehirn ausgeblendet** und im Ergebnis nicht wahrgenommen.

Beispiel

Soll eine Veranstaltung zum Thema Durchführung von Lehrveranstaltungen angeboten werden, so ist es in der Regel ansprechender, den Titel positiv zu formulieren, wie beispielsweise:

„Anleitung, Seminare erfolgreich durchzuführen“.

Wird eine verneinende Formulierung verwendet, so besteht die Gefahr, dass die Verneinung beim Lesen ausgeblendet wird und die gewünschte Wirkung des Titels damit ausbleibt:

„Anleitung, keine Fehler bei der Seminardurchführung zu begehen“.

Bei der zweiten Formulierung bleibt leicht der Begriff Fehler im Gedächtnis, sodass diese Formulierung eher zu einer ablehnenderen Haltung führt, als dies bei der positiven Assoziation vieler Menschen mit dem Begriff erfolgreich der Fall ist.

Der **Titel der Veranstaltung** sollte außerdem so spezifisch formuliert sein, dass der potentielle Adressatenkreis schon **auf den ersten Blick** eine **realistische Vorstellung** von den geplanten Inhalten erhält.

In der **Veranstaltungsbeschreibung** sind diese **Inhalte** und der **Ablauf** der Veranstaltung sodann näher zu **erläutern** und zu **konkretisieren.** Doch zum Lesen der Beschreibung werden die potentiell Teilnehmenden nur gelangen, wenn der Titel wirklich deren **Interesse weckt.**

Jedoch sind selbst der beste Veranstaltungstitel gepaart mit der besten Idee, Expertise und Kompetenz allein nicht ausreichend, um die geplanten Inhalte auch tatsächlich an interessierte Personen vermitteln zu können. Denn für die Vermittlung der Lehrinhalte bedarf es zusätzlich besonderer Kompetenzen und Methoden.

Hierfür empfiehlt es sich, bereits vor dem Marktauftritt, ein **detailliertes Veranstaltungs- und Lehrkonzept** zu erarbeiten, in dem dargestellt wird, wie die Vermittlung des Wissens genau durchgeführt werden soll. Neben der Gliederung der Themenbereiche und der Einschätzung des zeitlichen Ablaufs ist es sinnvoll, sich zu überlegen, welche **didaktischen Methoden** der Wissensvermittlung dienlich sein können und wie und wann diese konkret zum Einsatz gelangen sollen.

Viele Methoden sind für eine besseren Aufnahme des Stoffes hilfreich, indem die **Aufmerksamkeitsspanne** verlängert und das **Interesse der Beteiligten** erhöht werden kann. Wichtig ist hierbei, die Aufstellung eines tatsächlich **realisti-**

schen Zeitplans, der als Gerüst dient, Sicherheit in der Durchführung bietet und einer regelmäßigen Anpassung bedarf.

Praxistipp

Häufig neigen Lehrende (aus unterschiedlichen Gründen) dazu, die Inhalte in einer relativ (zu) hohen Geschwindigkeit zu vermitteln.

Dabei wird meist außer Acht gelassen, dass die Inhalte für die Teilnehmenden in der Regel in der dargebotenen Form neu sind; selbst, wenn diese sich schon mit der Materie (in welcher Form auch immer) auskennen.

Darbietungsform, Vorgehensweise und Schwerpunkte sind immer unterschiedlich und darauf müssen sich die Teilnehmenden zunächst einlassen können, um überhaupt inhaltlich folgen zu können.

Souverän das Tempo rauszunehmen, Pausen zu machen – *einfach zwischendurch mal innerlich langsam 1-2-3-4 zählen* –, Zeit zum Nachdenken und für die daraus folgenden Nachfragen zu geben, wirkt sich meist positiv auf die Lernatmosphäre und damit auf den Erfolg der Veranstaltung aus.

Natürlich wird sich erst in der Praxis herausstellen, ob Planung und Realität tatsächlich übereinstimmen; daher wird es im laufenden Prozess immer wieder der Anpassung bedürfen.

- Der Titel der Veranstaltung sollte positiv und so formuliert sein, dass der Adressatenkreis auf den ersten Blick bereits eine realistische Vorstellung von den zu behandelnden Inhalten erhält.
- Es kann sinnvoll sein, die Wirkung des gewählten Titels im Bekanntenkreis zu *„testen"*.
- Die Aufstellung eines detaillierten Veranstaltungs- und Lehrkonzeptes dient einer realistischen Planung und einer souveränen Durchführung der Veranstaltung.

Marktauftritt

Die ausführlichen Vorbereitungen sind erledigt, das Veranstaltungs- und Lehrkonzept steht und nach diesen so wichtigen aufwendigen Vorbereitungen ist es (hoffentlich) an der Zeit, mit dem Projekt nach außen zu gehen, um das **Interesse bei potentiell Teilnehmenden zu wecken** und dann die Veranstaltung **tatsächlich durchführen** zu können.

Bevor die **Werbung** für die Veranstaltung erfolgen kann, ist eine **detaillierte endgültige Inhaltsbeschreibung** zu verfassen, die voraussetzt, dass die **Umsetzung an dem favorisierten und zur Verfügung stehenden Veranstaltungsort** tatsächlich möglich ist.

Dabei ist zwischen Veranstaltungen zu unterscheiden, die **intern,** *z. B. im Unternehmenskontext oder in Bildungseinrichtungen, wie z. B. in Hochschulen*, stattfinden und **externen Veranstaltungen,** die für einen **offenen Teilnehmendenkreis** vorgesehen sind.

Auch bei **internen** Veranstaltungen oder in Bildungseinrichtungen, wo die Kurszusammenstellung zum Teil frei wählbar ist, ist *Werbung* sinnvoll. Denn auch in diesem Kontext hat es positive Auswirkungen, viele Personen für eine **motivierte Teilnahme** zu begeistern. Besteht das Interesse schon im Vorfeld – auch bei sog. *Pflichtveranstaltungen* – erhöhen sich die Chancen für eine **erfolgreiche Durchführung.**

Bei **externen** Veranstaltungen ist es möglich, sich entweder selbst eigenständig am Markt zu etablieren oder das Produkt in Zusammenarbeit mit einem in dem relevanten Bereich tätigen Veranstalter anzubieten.

Praxistipp

Bei der Marktrecherche kann parallel der Fokus darauf gelegt werden, welche Veranstalter am Markt in dem fraglichen Bereich aktiv sind; ggf. sind diese an der Veranstaltungsidee und an einer Zusammenarbeit interessiert.

Ist ein Veranstalter von dem Veranstaltungskonzept und den Inhalten überzeugt, so hat dies einige Vorteile. Professionelle Veranstalter verfügen in der Regel über viel **Erfahrung** hinsichtlich der Einschätzung der zu erwartenden **Nachfrage** und hinsichtlich der erfolgreichen **Platzierung** am Markt; ein Rückgriff auf bereits vorhandene **Netzwerke** und auf gut funktionierende **Werbemaßnahmen** kann außerdem erfolgversprechend sein.

Detaillierte Inhaltsbeschreibung

Personen haben unterschiedliche Assoziationen, wenn sie einen Text lesen, denn fast immer besteht ein gewisser **Interpretationsspielraum.**

Deswegen ist es wichtig, die in der Beschreibung enthaltenen Inhalte der geplanten Veranstaltung so zu formulieren, dass **Klarheit und Sicherheit** für die potentiell Teilnehmenden dahingehend besteht, welche konkreten Themen und Inhalte abgedeckt werden und was sie **in der Veranstaltung erwarten** können.

Diese Beschreibung sollte **so ausführlich wie nötig und so kurz wie möglich sein.** Das richtige Maß zu finden, stellt hierbei häufig die Herausforderung dar.

Für das Verfassen der Inhaltsbeschreibung sollte auch auf die Ergebnisse der im Vorfeld durchgeführten Recherche zurückgegriffen werden. Die Aspekte, die die Veranstaltung von denen am Markt bereits angebotenen Veranstaltungen unterscheiden, sollten hervorgehoben werden, sodass der **Mehrwert gleich deutlich erkennbar** ist.

In der Beschreibung sind neben den **Inhalten** auch der geplante **Ablauf** und damit die **Gewichtung der einzelnen Themen** und auch die **konkrete organisatorische Durchführung** relevant.

Beispiel

In der Beschreibung einer Veranstaltung wird damit geworben, dass mehrere Referierende die Veranstaltung durchführen.

Was bedeutet dies konkret?

- *Wer sind die Referierenden und welche Expertise weisen die Referierenden genau auf?*
- *Wie soll die Ausgestaltung und Aufteilung zwischen den Personen erfolgen?*
  - *Sind die Referierenden die gesamte Zeit gemeinsam anwesend und im Raum, sodass im Wege des Team-Teachings auch zwischen ihnen während der Veranstaltung ein Austausch denkbar ist und dadurch die Wissensvermittlung noch umfassender und abwechslungsreicher gestaltet werden kann?*
  - *Sind getrennte Blöcke geplant und die Referierenden nur zeitweise vor Ort, sodass kein Team-Teaching stattfindet, sondern eine Durchführung der Veranstaltung abwechselnd durch mehrere Dozierende erfolgt?*

Damit die Erwartungen und die Realität nicht auseinanderfallen, ist eine Konkretisierung des geplanten Ablaufs notwendig.

So schätzen einzelne Personen den umfassenden Austausch mit mehreren Referierenden in Form des Team-Teachings besonders und entscheiden sich gerade deswegen für die Veranstaltung; umso enttäuschter sind sie, wenn diese Art der Vermittlung dann bei der Veranstaltungsdurchführung nicht stattfindet.

Andere Personen favorisieren gerade die Konzentration auf einen Referierenden, sodass dieser Aspekt von entscheidender Bedeutung für sie ist.

Ist eine Beschreibung nicht detailliert genug, so lässt dies **Raum für Missverständnisse,** die dazu führen können, dass der Erfolg der Veranstaltung aufgrund **enttäuschter Erwartungen** gefährdet werden könnte. Dieses Risiko kann durch eine **deutliche – möglichst unmissverständliche – Kommunikation** verhindert und damit die **erfolgreiche Durchführung der Veranstaltung** ermöglicht werden.

Praxistipp

Neben der detaillierten Beschreibung sollte gut sichtbar eine ausdrückliche Einladung und Aufforderung platziert werden, *die zum Nachfragen ermutigt.* Erfolgen Nachfragen, so sollten diese sehr zeitnah – z. B. per Mail mit zusätzlichem Angebot der telefonischen Kontaktaufnahme – beantwortet werden.

Veranstaltungsort

Der **Veranstaltungsort** sollte **frühzeitig ausgesucht,** die **Verfügbarkeit** überprüft und die **Möglichkeit der Nutzung organisiert** werden.

Der Veranstaltungsort sollte dabei so ausgewählt werden, dass das im Vorfeld geplante Veranstaltungs- und Lehrkonzept unter Berücksichtigung der geplanten didaktischen Methoden tatsächlich **umsetzbar** ist. Dabei ist es empfehlenswert, die **Räumlichkeiten,** in denen die Lehrveranstaltung durchgeführt werden soll, im Vorfeld zu **besichtigen,** um das **Setting gut planen** zu können und **gut vorbereitet** zu sein.

Die für die Veranstaltungsdurchführung notwendige **Ausstattung** sollte **frühzeitig vor Ort abgefragt und organisiert** werden. Während Beamer und Leinwand inzwischen sicherlich zum Standard gehören, sind nicht immer Pinnwände oder Flipcharts überhaupt oder in größerer Anzahl vorhanden.

Praxistipp

Die Nutzung von Pinnwänden kann gerade bei Gruppenarbeiten durchaus sinnvoll sein, um Arbeitsergebnisse beispielsweise durch handgeschriebene Moderationskarten zu visualisieren und im Raum während der gesamten Veranstaltung sichtbar zu konservieren, sodass im Laufe des Prozesses immer wieder darauf zurückgegriffen werden kann.

Je nach Veranstaltungs- und Lehrkonzept kann es sinnvoll sein, die Sitzgelegenheiten und Tische besonders anzuordnen oder zusätzliche Räumlichkeiten oder Rückzugsorte zu nutzen, um auch in Teilgruppen gut arbeiten zu können. **Die Möglichkeit der Umsetzung dieser Pläne ist deswegen im Vorfeld vor Ort zu prüfen,** um andernfalls eine Anpassung des Konzepts vorzunehmen oder auf andere Veranstaltungsorte auszuweichen.

Die Räumlichkeiten sollten am Tag der Veranstaltung vor dem Eintreffen der Teilnehmenden bereits gut vorbereitet sein. Eine Vorbereitung des Raumes parallel zum Eintreffen der Teilnehmenden kann zu unnötiger Unruhe und Verzögerungen im Ablauf führen.

Wird die Veranstaltung an einem Ort durchgeführt, an den erfahrungsgemäß viele Teilnehmende anreisen müssen, ist dies bei der **Anfangszeit** zu berücksichtigen. Aus Nachhaltigkeitsgründen und um den internen restriktiven Vorgaben vieler Unternehmen oder öffentlicher Einrichtungen gerecht zu werden, sollten die Örtlichkeiten mit **öffentlichen Verkehrsmitteln erreichbar** sein.

Exkurs

Bei mehrtägigen Veranstaltungen, die Übernachtungen vor Ort notwendig machen, sind Hinweise auf die Übernachtungsmöglichkeiten und bestehende (im Vorfeld zu organisierende) Kontingente sinnvoll.

Sofern der Durchführungsort der Veranstaltung und der Ort der Übernachtung auseinanderfallen, sollte dargestellt werden, wie gut und mit welchem Verkehrsmittel die Erreichbarkeit gewährleistet ist.

Bei der Planung des Veranstaltungs- und Lehrkonzeptes sollte der zeitliche Umfang der Veranstaltung kritisch überprüft werden; gerade, wenn eine Anreise und Übernachtungen vor Ort notwendig sind. Wieviel Zeit wird mindestens benötigt, um die Inhalte gut zu vermitteln und wieviel Zeit ist maximal sinnvoll, damit die vielen Inhalten durch die Teilnehmenden überhaupt aufgenommen werden können?

Bei der Wahl des Veranstaltungsortes ist es sinnvoll, die Perspektive der Teilnehmenden einzunehmen und rein praktische Dinge zu berücksichtigen.

Dabei können viele verschiedene Umstände die Entscheidung für oder gegen eine Anmeldung zu einer Veranstaltung beeinflussen, wie z. B.:

- Mehrwert der Teilnahme im Verhältnis zum Aufwand (zeitlich aufgrund der Dauer/Anreise sowie finanziell),
- Vereinbarkeit mit dem Privatleben, wie beispielsweise mit Betreuungsaufgaben,
- Ferien-/ Urlaubszeiten und Feiertage,
- Verlässliche Internetverbindung, um im Notfall erreichbar zu sein.
  Denn auch wenn störungsfreie Orte auf den ersten Blick so positiv erscheinen, kann fehlende Erreichbarkeit in Notfällen (ob privat oder beruflich) zu Stress führen und den *gut gemeinten* gewünschten Zweck ad absurdum führen.

Werbung

Die Werbung für die Veranstaltung kann auf vielfältige Art- und Weise erfolgen. Hierbei sind die **persönlichen sowie die Präferenzen der Zielgruppe** und die **Besonderheiten** im jeweiligen Fachbereich, in dem die Veranstaltung angeboten wird, zu beachten.

Kreative Werbung mittels Social Media, Internetauftritten, Fachzeitschriften, Flyern, Aushängen, persönliche Kontaktaufnahmen – per Mail, telefonisch oder auch zufällig im Gespräch. Alles ist möglich, um die Veranstaltungsidee in die Welt zu bringen. Häufig haben bereits das *Darübersprechen* sowie die **Weiterempfehlung** durch Personen, die bereits an der Veranstaltung erfolgreich teilgenommen haben, einen sehr positiven Effekt.

Checkliste – Gute Planung …

Checkliste	
Gute Planung ist die halbe Miete …	✓
Eine richtig gute Veranstaltungsidee	
Marktsondierung (Tabelle)	
Spezifizierung des Veranstaltungsthemas	
Marktauftritt • Detaillierte Inhaltsbeschreibung • Veranstaltungsdauer/Perspektivwechsel • Veranstaltungsort (Kapazität/Orga) – Räumlichkeiten/Material – Erreichbarkeit • Werbung	
Und sonst … • … • …	

Erster Kontakt zu den Angemeldeten

Die Idee ist gereift, das Veranstaltungs- und Lehrkonzept ist ausgearbeitet, der Veranstaltungsort ist gefunden und die Veranstaltung wird öffentlich beworben, sodass nun die (hoffentlich) zahlreichen Anmeldungen erfolgen. Ein guter erster Kontakt zu den angemeldeten Teilnehmenden trägt Früchte und maßgeblich zum Erfolg der Veranstaltung bei.

Prompte Rückmeldung nach Anmeldung

Die Anmeldung seitens der Teilnehmenden zu einer Veranstaltung erfolgt häufig nach einer umfassenden **Abwägung von Nutzen und Aufwand** sowohl hinsichtlich der zeitlichen als auch der finanziellen Aspekte. Die Beschreibung der Veranstaltungsinhalte hat die Teilnehmenden dazu veranlasst, sich auf die Veranstaltung einzulassen und ihre wertvolle Zeit und finanzielle Mittel zu investieren. Auf diesen **Vertrauensvorschuss** sollte deswegen **zeitnah und damit wertschätzend reagiert** werden.

Entscheiden sich die Teilnehmenden in Form der Anmeldung für die Veranstaltung, so ist es für deren **Planungssicherheit** wichtig, eine **schnelle Rückmeldung** in Form der Bestätigung des Eingangs der Anmeldung zu versenden. Hierdurch wird deren Eindruck verstärkt, dass es sich um eine **gut organisierte Veranstaltung** handelt und das durch die Anmeldung **entgegengebrachte Vertrauen bestätigt.**

Manches Mal ist die Durchführung einer Veranstaltung erst mit Erreichen einer Mindestanzahl von Teilnehmenden möglich und sinnvoll.

In diesen Fällen sollte von Beginn an Transparenz herrschen; diese Mindestanzahl und auch die Gründe dafür sollten bereits in der Werbung und auch in der Anmeldebestätigung kommuniziert werden. Hierbei ist der Termin zu benennen, wann ein verbindliches Stattfinden der Veranstaltung mitgeteilt werden wird, sodass hierdurch die maximale Planungssicherheit erreicht wird.

Der Veranstaltungstermin naht ...

In der Regel werden die Teilnehmenden ihre Termine gut selbständig managen können. Dennoch schätzen viele Personen es sehr, wenn sie kurz vor Beginn einer Veranstaltung alle **wichtigen Informationen rund um die Veranstaltung kompakt zusammengestellt in einem Dokument per E-Mail** erhalten.

Die an die nahende Veranstaltung erinnernde Mail sollte alle wichtigen Informationen enthalten.

In diesem *Infopaket* sollte darauf verzichtet werden, auf die Inhalte vorheriger Mails zu verweisen. Dies erspart die zeitaufwendige Suche im Postfach.

Sofern die Teilnehmenden **begleitende Unterlagen** zur Veranstaltung erhalten, können diese ebenfalls zu diesem Zeitpunkt mit verschickt werden. Viele Personen sehen inzwischen vom Ausdrucken solcher Unterlagen ab und fügen ihre Notizen direkt in das elektronische Dokument ein. Ein Versenden im Vorfeld ist häufig einfacher, als die Unterlagen erst vor Ort zu *verteilen*.

Neben der Notwendigkeit der **übersichtlichen Gestaltung** der Unterlagen sollten die **einzelnen Seiten durchgängig nummeriert** werden, sodass die Arbeit mit den Unterlagen und Rückfragen erleichtert werden.

Praxistipp

- Aus Nachhaltigkeitsgründen ist es sehr positiv, dass viele Personen vom Ausdrucken der Unterlagen absehen. Die Dateien sollten daher bearbeitbar sein, damit Notizen (z.B. mittels Nutzung eines Tablets) direkt eingefügt werden können.
- Sollten besondere Gründe vorliegen, die ein Bearbeiten der Unterlagen in Papierform erfordern, so sollten die Gründe dafür besonders erläutert werden und deutlich gemacht werden, ob die Unterlagen vor Ort in Papierform ausgeteilt werden oder von den Teilnehmenden mitgebracht werden sollten.
- Für den Fall, dass einzelne Teilnehmende die Unterlagen nicht vor Ort bei sich haben, sollten noch einige wenige *Notfall-Exemplare* oder zumindest eine Kopiervorlage und natürlich die Datei zum Weiterleiten vor Ort griffbereit sein.

- In einigen Veranstaltungen wird auf Fachbücher zurückgegriffen, die häufig von den Referierenden selbst verfasst wurden. Aus den Unterlagen sollte deutlich hervorgehen, ob diese Literatur vor Ort zur Verfügung gestellt wird und ob diese bereits im Preis der Veranstaltung inbegriffen ist.
- Die klare, eindeutige Kommunikation dient der Erwartungssicherheit und vermeidet unnötige Missverständnisse. Sollte es – zumindest aus Sicht der Teilnehmenden – an einer unmissverständlichen Kommunikation fehlen und wird dies thematisiert, so sollte darauf wertschätzend reagiert werden und die gewählte Formulierung kritisch überprüft und ggf. korrigiert werden.

Häufig fehlen in einer solchen Kommunikation kurz vor der Veranstaltung gerade die **besonders wichtigen Informationen,** auch weil diese für den Veranstaltenden selbst als so selbstverständlich bekannt erscheinen.

Eine kritische Durchsicht des umfassenden *Info- und Erinnerungspakets* ist sinnvoll, damit tatsächlich alle wichtigen Information – wie beispielsweise das Datum, Uhrzeit oder Ort – zusammengestellt sind.

Checkliste – Erster Kontakt …

Checkliste …	
Erster Kontakt zu den Angemeldeten	✓
Prompte Rückmeldung nach Anmeldung	
Der Veranstaltungstermin naht … *Infopaket mit allen wichtigen Informationen* • **Datum** • **verlässliche Uhrzeiten** (denn Buchung ÖPNV erlaubt häufig wenig Flexibilität) – Beginn und Ende (jeden einzelnen Tag betreffend) – zeitlicher Ablaufplan (ist eine individuelle Abstimmung mit Teilnehmenden vor Ort geplant?) • **Veranstaltungsort(e):** – genaue Adresse (Wegbeschreibung/Homepage) – Kontaktmöglichkeit (Telefonnummer mit Vorwahl) – WLAN-Zugangsdaten vor Ort – …	

Unterlagen zur Veranstaltung: • vorab per Mail mit Anweisungen zum Umgang mit den Unterlagen (elektronisch/Papierform): – Veranstaltungsskript – Begleitunterlagen (z. B. Fragebögen, Formulare, Gesetzestexte) – … • Literatur – mitzubringen? – vor Ort vorhanden zur Mitnahme (mit/ohne zusätzliche Kosten)	
Und sonst … • … • …	

Letzter Schliff vor der Veranstaltung

Die Vorbereitungen sind getroffen. Die Anmeldungen sind eingegangen und der gute Kontakt zu den Teilnehmenden ist hergestellt. Die Unterlagen und das Infopaket sind versandt und notwendige Rücksprachen hinsichtlich der Räumlichkeiten, der Ausstattung sowie des frühzeitigen Zutritts sind erfolgt.

Spätestens jetzt sollten die letzten Dinge für die Gestaltung des Raumes zusammengestellt und der im Laufe der Zeit immer wieder **überarbeitete Ablaufplan** zur Hand genommen und die **letzten notwendigen Vorbereitungen** getroffen werden.

Gestaltung der Räumlichkeiten

Auch die **Gestaltung der Räumlichkeiten** kann auf den **Lernerfolg** und damit auf das **Gelingen der Veranstaltung** entscheidenden Einfluss haben.

Hierbei kann es sinnvoll sein, auch die **Umgebung genauer zu erkunden.** Für Gruppenarbeiten stehen ggf. noch weitere Räume, Flure oder die Umgebung in der Natur zur Verfügung. Solche **Ortswechsel** zwischendurch können zu positiven **Perspektivwechseln,** einer **erhöhten Aufmerksamkeitsspanne,** einem **besseren Austausch** und damit zum **Erfolg der Veranstaltung** beitragen.

In einer **guten Atmosphäre,** in der sich die Teilnehmenden wohl fühlen, können sie sich besser auf die Veranstaltung einlassen, sich entspannen und in Kontakt miteinander treten.

Hierbei können einladende Tische mit Getränken und gesunden Snacks, farbige Servietten, ein kleiner bunter Strauß Blumen und Willkommensplakate zum angenehmen Verweilen einladen.

Beispiel

Die Visualisierung auf Plakaten erlaubt den Teilnehmenden, sich hinsichtlich verschiedener Inhalte fortlaufend zu vergewissern.

So können beispielsweise ein Ablaufplan oder eine Aufgabenstellung gut sichtbar im Raum aufgehängt werden.

Außerdem können die Plakate dazu dienen, die Umgebung persönlicher und freundlicher zu gestalten und den positiven Eindruck einer guten Vorbereitung noch verstärken.

Bei der **Anordnung der Stühle und Tische** kommt es darauf an, welche Arbeitsmaterialien notwendigerweise von den Teilnehmenden während der Veranstaltung genutzt werden sollten. Die **Größe der Räumlichkeiten** und die **Anzahl der Teilnehmenden** ist dabei ebenfalls von entscheidender Bedeutung dafür, inwieweit das geplante Veranstaltungskonzept umsetzbar ist.

Exkurs

Ist die Veranstaltung für eine sehr große Anzahl von Personen angelegt und findet sie z. B. in einem großen Konferenzraum oder Hörsaal statt, kann meist wenig Einfluss auf die Raumgestaltung genommen werden.

Für begleitende Plakate und andere persönliche Noten wird jedoch in der Regel dennoch Raum sein und die Veranstaltung vielleicht auch deswegen bei den Teilnehmenden besonders gut in Erinnerung bleiben.

Ist geplant, dass die Teilnehmenden die Unterlagen **intensiv während der Veranstaltung bearbeiten,** so eignet sich eine Anordnung der **Tische in „U-Form".**

Idealerweise sollten die Tische so angeordnet sein, dass hinter den Stühlen jeweils **ausreichend Platz** zur Verfügung steht, sodass genügend **Bewegungsfreiheit** besteht. So können die Teilnehmenden auch aktiv eingeladen werden, sich beispielsweise zwischendurch hinzustellen, um ihren Kreislauf anzuregen und ihre Konzentration zu steigern.

Beispiel

Die Anordnung der Tische im Stil eines Klassenzimmers in Reihen hintereinander oder mit etwas mehr Kontakt zwischen den Teilnehmenden in U-Form erlauben die Nutzung verschiedenster Arbeitsmaterialien auf den vorhandenen Tischen.

Bei kleineren Gruppen eignet sich die „U-Form" besonders; deren Umsetzung bei einer größeren Anzahl von Teilnehmenden häufig jedoch an der Raumgröße scheitert.

Sofern sich die Teilnehmenden sehr aktiv gemeinsam an der Veranstaltung beteiligen sollen – ohne dass es einer intensiven Arbeit mit den Unterlagen oder einer dauernden Mitschrift bedarf – so kommt eine Anordnung im Kreis ohne Tische in Betracht. Durch die fehlenden Barrieren in Form der Tische kann die **Mobilität der Teilnehmenden begünstigt** und damit die **Zusammenarbeit erleichtert** werden.

Beispiel

Eine Anordnung im Kreis setzt in der Regel voraus, dass die stationäre Bearbeitung der eigenen Arbeitsmaterialien in reduzierter Form erfolgen soll und mehr ***Interaktion zwischen den Teilnehmenden*** *erwünscht ist.*

Die Entscheidung für die Wahl der einen oder anderen Variante der Anordnung hängt sowohl vom geplanten **Durchführungskonzept** als auch häufig vom **Kreis der Teilnehmenden** ab. Beide Umstände sollten bei der Überlegung, welche Anordnungsform gewählt werden soll, in Betracht gezogen werden.

Exkurs

Ist die Veranstaltung für einen längeren Zeitraum in regelmäßigen Abständen konzipiert, wie z. B. während eines laufenden Semesters an einer Hochschule oder in Form eines mehrmonatigen Weiterbildungskurses, so ist eine Umgestaltung häufig zu aufwendig.

In diesen Fällen können alternativ für einzelne Sequenzen Kreise im Stehen gebildet werden, um besser in den Austausch gehen zu können. Ist der Platz im Raum zu klein, können auch mal der Flur oder die Natur eine gute Alternative darstellen.

Kreativität und Spontanität ist auch bei der Gestaltung und Nutzung der Räumlichkeiten gefragt und manches vermeintliche Hindernis stellt sich im Ergebnis vielleicht sogar als noch besser heraus als die ursprüngliche Planung.

Praxistipp

- Meist dauert die Einrichtung der Räumlichkeiten länger als erwartet; wenn möglich ist es sinnvoll, dies bereits am Vortag der Veranstaltung zu erledigen.
- Für manche Teilnehmenden ist die eine oder andere Anordnungsform der Tische und Stühle gängige Praxis und ein Abweichen davon kann zu Irritationen oder sogar zur inneren Ablehnung führen. Um dieses Risiko zu vermeiden, kann es sinnvoll sein, zunächst das gewohnte Setting vorzubereiten und erst im Laufe der Zeit eine Veränderung gemeinsam mit den Teilnehmenden vorzunehmen.
- Ein kritischer Blick auf die Sauberkeit der Räumlichkeiten und der Ausstattung, wie z. B. geleerte Mülleimer, saubere Tische und Stuhlpolster, lohnt sich.

Neben der Gestaltung der Räumlichkeiten ist zu überprüfen, ob die vereinbarte notwendige **Ausstattung** in **ausreichender Menge** vorhanden und auch **funktionsfähig** ist.

- Funktionsfähigkeit technischer Geräte (Beamer/Leinwand/Whiteboard/WLAN) sollte getestet werden,
- Adapter (passende und funktionierende) sollten ausprobiert werden,
- Zustand und Menge der benötigten Flipcharts (mit unbeschriebenen Blättern), Pinnwände (mit Pinnadeln), (funktionstüchtige) Stifte in ausreichender Anzahl, (unbeschriebene) Moderationskarten in ausreichender Anzahl, Klebezettel, (frische) Klebestifte etc. sollten überprüft werden.

Veranstaltungs- und Lehrkonzept

Im Idealfall werden im Veranstaltungs- und Lehrkonzept die Planung des **zeitlichen Ablaufs,** die **Inhalte** sowie der Einsatz der geplanten **didaktischen Methoden** während des gesamten Vorbereitungsprozesses (und auch während und nach der Veranstaltung) laufend **aktualisiert.**

Damit eine Veranstaltung erfolgreich durchgeführt werden kann, sollte diese in verschiedene Abschnitte eingeteilt werden.

Teile des inhaltlichen Inputs sollten immer wieder durch didaktisch sinnvolle Methoden ergänzt und der Lerneffekt dadurch erhöht werden.

Dabei ist das richtige Maß zwischen den mindestens notwendig zu vermittelnden Inhalten und der realistischen maximalen Aufnahmekapazität der Teilnehmenden zu erkennen und zu beachten.

Bei der Planung ist es sinnvoll, **lieber zu detailliert** als zu oberflächlich vorzugehen. In der Regel wird von diesem Plan während der Durchführung der Veranstaltung immer wieder abgewichen werden. Dennoch lohnt sich eine **detaillierte Planung,** damit **sichergestellt** ist, dass alle **geplanten und versprochenen Inhalte behandelt** werden und **Ankündigung und Umsetzung damit übereinstimmen und die Erwartungen der Beteiligten erfüllt** werden.

Praxistipp

Wird die Veranstaltung mehrfach angeboten, lohnt sich die Mühe zu notieren, ob die Planung realistisch war, was besonders gut oder eben nicht so gut funktioniert hat und gegebenenfalls die (zeitliche) Planung anzupassen.

Mögliche **alternative Vorgehensweisen** sollten ebenso wie eventuelle **Verzögerungen** und **regenerative Pausen** eingeplant werden.

Trotz bester Planung sollte eine möglichst große **Flexibilität bei der Durchführung** der Veranstaltung vorhanden sein, um **souverän reagieren** zu können. Denn keine Veranstaltung ist wie die andere und die Zusammenarbeit mit anderen Menschen ist nie voraussehbar, sodass es immer gut ist, einen *bunten Strauß verschiedener Vorgehensweisen im Hinterkopf zu haben.*

Beispiel

Auch wenn die Planung mit einem gewissen Aufwand verbunden ist, wird sich dieser im Ergebnis lohnen und ein sichereres Auftreten ermöglichen. Gerade die Niederschrift der Planung dient dazu, nochmal die eigenen Gedanken zu ordnen, eine realistische Einschätzung vornehmen zu können und gut vorbereitet die Veranstaltung durchführen zu können.

Inhalt	Uhrzeit von–bis	Anmerkungen/Didaktik
Ankommen/ Begrüßung		*eigene Vorstellung* *Ablauf/Agenda*
Kennenlernen/ Erwartungen		*Gruppenarbeit* • Einteilung per Los Personenanzahl: ___ • Interview gegenseitig und Vorstellung (Zeit:____, Darstellung:___________) *Vorkenntnisse/Erwartungen:* • Aufstellen im Raum • Abfrage Fragenwand Moderationskarten
Pause		*Erholung/lockerer Austausch*
Teil 1 – Input		*Vorüberlegung/Input* • Einführung • Präsentation
Teil 1 - Vertiefung		Gruppenarbeit ...
...		
...		
...		

Pausen

Pausen sind sehr wichtig, damit die Inhalte gut aufgenommen werden und die Aufmerksamkeitsspanne der Teilnehmenden erhalten bleibt. Diese Pausen sollten daher im Ablaufplan **fest eingeplant** werden.

Auch hier sollte **flexibel agiert** werden, wenn sich in der Zusammenarbeit herausstellt, dass die Aufmerksamkeit der Teilnehmenden nachlässt. Das Bedürfnis nach einer Unterbrechung lässt sich beispielsweise durch vermehrte Unruhe im Plenum oder fehlende Mitarbeit erkennen. Eine kurze Unterbrechung ist in diesen Fällen meist zielführender, als den Stoff, wie geplant, weiter vermitteln zu wollen.

Praxistipp

Bewegte Pausen sind gesund und sinnvoll. Indem die Teilnehmenden einfach mal aufstehen, ihre Arme in die Höhe recken, auf einem Bein stehen oder ein paar Kniebeugen machen, kommt der Kreislauf in Gang und die Konzentrationsfähigkeit kehrt zurück.

Wiederholungen

Mit jeder Wiederholung prägt sich das Gelernte besser ein. Erklären und Vortragen und die darauffolgende Anwendung des Gelernten mithilfe entsprechender **Vertiefungsübungen** führt dazu, dass der **langfristige Lerneffekt** erreicht werden kann und die **Inhalte dauerhaft ins Gedächtnis gelangen.**

Wiederholungen sollten immer wieder Bestandteil der Veranstaltung sein.

Damit sich die Teilnehmenden darauf einstellen können, ist es sinnvoll, diese Vorgehensweise gleich zu Beginn der Veranstaltung zu kommunizieren. So kann vermieden werden, dass Unmut aufkommt, wenn sich einzelne Teile wiederholen.

Wenn den Teilnehmenden der Sinn des Vorgehens nachvollziehbar erklärt wird, wird dies in der Regel auf Akzeptanz und Verständnis stoßen und im Ergebnis aufgrund des Erfolges dieser Methode auch wertgeschätzt werden.

Didaktische Elemente

Es existieren eine Vielzahl verschiedener **didaktischer Methoden,** die dazu dienen, die **Aufnahme des Wissens zu erleichtern.** Diese didaktischen Elemente sollten im Lehrkonzept fest etabliert und im Vorfeld genau überlegt sein.

Natürlich kann auch von dieser Planung im Laufe der Veranstaltung spontan abgewichen werden. Die Vorüberlegungen und die genaue Beschäftigung mit **Sinn und Zweck einzelner didaktischer Elemente** erleichtert jedoch eine **souveräne Durchführung** und ein **überzeugendes Auftreten** gegenüber den Teilnehmenden.

Ein souveränes Auftreten ist in der Praxis sehr hilfreich, da die didaktischen Methoden meist damit in Verbindung stehen, dass die Teilnehmenden eingeladen werden, selbst etwas zu tun.

Häufig sollen sie hierbei auch ihre **Komfortzone verlassen,** indem sie aus der rein **konsumierenden zuhörenden Haltung in eine aktive Rolle wechseln** sollen. Dieser **Mehrwert** ist für die Teilnehmenden jedoch nicht immer sogleich ersichtlich und kann auch durchaus zunächst einmal auf **verhaltene Begeisterung, Ablehnung oder sogar auf Widerstand** stoßen.

Diese Haltung kann manches Mal auch eindeutig durch Körpersprache zum Ausdruck gebracht werden. Nur wenn die durchführende Person selbst vom **Mehrwert der gewählten didaktischen Methode überzeugt** ist, wird *der Funke auch auf die Teilnehmenden überspringen.*

Exkurs

Einige verschiedene Methoden werden im folgenden Teil *Didaktischer Methodenkoffer* beispielhaft als Inspiration dargestellt.

Checkliste – der letzte Schliff …

Checkliste …	
Der letzte Schliff vor der Veranstaltung …	✓
Gestaltung der Räumlichkeiten • Zugangsberechtigung • Stühle/Tische anordnen • Technik-Check • Plakate/Deko • Versorgung: Getränke/Snacks/ … • Material/Ausstattung (Qualität, Menge) • Sauberkeit • …	
Veranstaltungs- und Lehrkonzept • Inhalte (Input) • Pausen • Wiederholungen • Didaktische Elemente • …	
Und sonst … • … • …	

Die Veranstaltung erfolgreich durchführen

Endlich kann es losgehen. Die Veranstaltung ist perfekt geplant, pünktlich vor Ort kann zufrieden festgestellt werden, dass die Räumlichkeiten gut vorbereitet sind, die Technik funktioniert, die Ausstattung einsatzbereit vorhanden ist, die Atmosphäre im Raum einladend ist und sich die Teilnehmenden nach und nach einfinden …

Gerade der erste Eindruck zu Beginn der Veranstaltung; der **souveräne Auftritt der Trainerin und Trainer gepaart mit einer positiven Ausstrahlung gegenüber den Teilnehmenden und Enthusiasmus für das Thema** sind sehr wichtig für den Erfolg der gesamten Veranstaltung.

Notwendig ist dabei zusätzlich, während der Durchführung der ganzen Veranstaltung auch **gut auf sich selbst und das eigene Wohlbefinden zu achten,** um die notwendige Energie für die Veranstaltung gut einteilen und aufrecht erhalten zu können.

Praxistipp

Die Durchführung einer Veranstaltung erfordert viel (positive) Energie.

Es ist daher empfehlenswert, sich vor dem Start der Veranstaltung zu sammeln, tief ein- und auszuatmen und dann mit Enthusiasmus und Selbstvertrauen die Veranstaltung durchzuführen.

Der erste positive Eindruck trägt maßgeblich dazu bei, dass die Veranstaltung ein Erfolg wird. Neben den guten Vorbereitungen gilt es daher, einen gelungenen Start der Veranstaltung zu realisieren.

Ankommen

Meist treffen die Teilnehmenden nach und nach am Veranstaltungsort ein. Manches Mal kennen sich die Teilnehmenden schon untereinander oder es treffen lauter fremde Personen aufeinander, die sicher gespannt darauf sind, was sie während der Veranstaltung erwarten wird und die sich fragen, ob der Aufwand im richtigen Verhältnis zum Nutzen stehen wird.

Den **zeitlichen und finanziellen** Aufwand und das durch die Entscheidung zur Teilnahme bereits entgegengebrachte **Vertrauen** gilt es **wertzuschätzen** und den **Erwartungen** gerecht zu werden.

Sowohl bei kurzen (mehrstündigen oder eintägigen) Veranstaltungen als auch bei längeren (mehrtägigen oder auf Dauer angelegten) Veranstaltungen ist das Ankommen beim Auftakt der Veranstaltung sehr wichtig.

In wenigen Momenten findet bereits eine innere Bewertung der Situation in Form des ersten Eindrucks durch die Ankommenden statt, die möglichst positiv sein sollte.

Begrüßung – Umgebung kennenlernen

Handelt es sich um einen überschaubaren Personenkreis, sollte eine Begrüßung der einzelnen Teilnehmenden möglich sein. Viele Teilnehmende werden die Wahrnehmung ihrer Person in Form einer **persönlichen Begrüßung** als positive Geste durch direkte Kontaktaufnahme positiv wahrnehmen und zu schätzen wissen.

!

- Die gegenseitige Wahrnehmung der Menschen untereinander wird durch wertschätzende, respektvolle zwischenmenschliche Verhaltensweisen nach außen gezeigt. Die Wahrnehmung und Begrüßung einer Person können beim Ankommen und Eintreten in den Raum auf unterschiedliche Art und Weise erfolgen. Neben dem Handschlag kann auch schon ein freundliches Lächeln oder ein Nicken als Begrüßung in Betracht kommen; denn nicht alle mögen – nach der langen Zeit der Entwöhnung – den klassischen Handschlag.
- Die Überreichung eines kleinen *Give-Aways*, wie z.B. Stift, Block, Magnet oder ähnliches, kann dazu führen, die Stimmung aufzuhellen und dazu führen, langfristig in Erinnerung zu bleiben. Auch wenn Stifte und Blöcke bei vielen Personen meist in großem Umfang vorhanden sind, fehlen diese Utensilien häufig gerade dann, wenn sie gebraucht werden und eben auch bei solchen Veranstaltungen. So können diese Materialien gleich vor Ort genutzt werden und die Veranstaltung kann direkt beginnen, ohne dass die Utensilien durch einzelne Personen erst noch organisiert werden müssen.

Ist die **Umgebung** für die Teilnehmenden fremd, so ist es sinnvoll die Teilnehmenden mit dieser **bekannt zu machen.** Eine solche kurze Einführung hilft dabei, sich schneller wohlzufühlen und sich in der fremden Umgebung gut einzufinden.

Beispiel

Es kann sinnvoll sein, eine Veranstaltung so zu planen, dass möglichst wenige Störungen von außen zu befürchten sind.

Sollen die Teilnehmenden aus diesem Grund z. B. ihre Mobiltelefone und ihre persönlichen Gegenstände separat deponieren, so ist es wichtig, den Teilnehmenden zu erklären, welche genauen Überlegungen und Beweggründe dazu führen, dies von den Teilnehmenden zu erwarten. Dann fühlen sich die Teilnehmenden hinsichtlich ihrer eigenen Bedürfnisse und in ihrer Eigenverantwortung ernst genommen.

Erfolgt z. B. lediglich eine Anweisung, die persönlichen Gegenstände in einem Vorraum zu deponieren, ohne weiter zu erläutern, dass die Gegenstände dort sicher vor dem Zugriff anderer geschützt seien und die Zusammenarbeit dadurch leichter gestaltet werden könne, wenn aufgrund des „digital detox" der so verlockende Blick auf das Mobiltelefon hierdurch vermieden werden könne, so werden die Teilnehmenden diese Aufforderung ggf. sogar als übergriffig einordnen und in den Widerstand (innerlich oder äußerlich) gehen.

Solche sicher gut gemeinten Interventionen können im Ernstfall sogar dazu führen, dass die zunächst positive Atmosphäre ins Negative umschlägt.

Neben der Erläuterung der Beweggründe sollte daher das Einverständnis der Teilnehmenden explizit eingeholt werden und evtl. dagegensprechende Argumente (z. B. zwingende Gründe für eine durchgängige Erreichbarkeit) abgefragt werden und ein ablehnendes Verhalten akzeptiert und toleriert werden. Die zeitliche Investition lohnt sich, um damit möglichen negativen Auswirkungen vorzubeugen.

Kommunikation und Zusammenarbeit

Sind die Teilnehmenden angekommen und kann die Veranstaltung beginnen, so dienen bereits die ersten einführenden Minuten dazu, dass die Teilnehmenden einen **positiven Eindruck** erhalten und bereit sind, sich auf die Veranstaltung einzulassen.

Nach der **offiziellen Begrüßung** des gesamten Plenums und einigen Worten zur **eigenen Person** kann es sinnvoll sein, zu erläutern, welche Punkte aus Sicht des Veranstaltenden **wichtig für eine gute Kommunikation und ein Zusammenarbeiten** sind. Ideen und Vorschläge der Teilnehmenden können und sollten hierbei mit einfließen.

Praxistipp

Das offene Ansprechen einzelner Punkte im Vorfeld kann für Klarheit sorgen, Missverständnisse vorbeugen und für eine gute Zusammenarbeit von Vorteil sein.

Folgende anzusprechende Aspekte könnten, abhängig von der konkreten Veranstaltung, in Betracht kommen:

- *„Spielregeln"* der Veranstaltung
  - Unterbrechungen und Fragen jederzeit erwünscht?
  - Einbringen eigener Erfahrungen?
  - Vertraulichkeit im persönlichen Austausch (aus Erfolgen/Fehlern lernen)
- Kommunikation untereinander
  - Sie/Du/Seminar-Du
  - gendern
- Notebooks/Tablets/Smartphones ein Gewinn oder störende Barriere? Abfrage sinnvoll?
- Aufforderung, gerne eigene Bedürfnisse zu formulieren (Pause, Geschwindigkeit, Lautstärke, wahrgenommene Störungen)
- ...

Bei der Formulierung der Aspekte, die für eine gute Zusammenarbeit wichtig sind, kann ein **Austausch mit den Teilnehmenden** durchaus sinnvoll sein; insbesondere, wenn die Veranstaltung auf einen längeren Zeitraum angelegt ist.

Damit die Durchführung der Veranstaltung erfolgreich ist, sollten jedoch die Punkte, die die Dozierenden selbst für essentiell halten, von diesen deutlich kommuniziert werden, da nicht alle Personen die gleichen Vorstellungen darüber haben, welche Umstände eine zu vermeidende Störung darstellen könnten.

!

- Sowohl Teilnehmende als auch Dozierende haben häufig konkrete Vorstellungen, was eine gute Arbeitsatmosphäre ausmacht, wobei in der Regel viele Schnittmengen vorhanden sind.
- In Abwägung mit der Eigenverantwortung der Teilnehmenden und deren Bedürfnissen ist zu überlegen, welche Einhaltung einzelner Verhaltensweisen als unbedingt notwendig erachtet werden, um Störungen des Ablaufs vermeiden zu können.
- Nach erfolgter Abwägung sollten diese Erwartungen gegenüber den Teilnehmenden kommuniziert werden, damit eine gute Zusammenarbeit entstehen kann und Enttäuschungen durch unausgesprochene Erwartungen und Regeln vermieden werden können.
- Es empfiehlt sich, die für einen selbst wichtigen Aspekte im Vorfeld zu durchdenken, wie z. B.:
  - Pünktlichkeit und Verlassen des Raumes während der Veranstaltung (im ausgeprägten Umfang, sodass es sehr an einen Taubenschlag erinnert),
  - Konsum von Speisen/Getränken während der Veranstaltung (im ausgeprägten Umfang, sodass dies eher an ein Picknick erinnert),
  - …

- Beim Überlegen der eigenen Erwartungen empfiehlt es sich, einen Perspektivwechsel durchzuführen:
  - zunächst einmal ist davon auszugehen, dass die Teilnehmenden selbst ein Interesse an einem störungsfreien Ablauf haben,
  - zu starre Regeln könnten auch einem Eingriff in die Privatsphäre der Teilnehmenden gleichkommen, wenn diese sich für ihr Verhalten rechtfertigen müssten,
  - als Störung wahrgenommene Verhaltensweisen können gute Gründe haben, sodass eine Bewertung des Verhaltens zu unangemessenen und falschen Rückschlüssen führen könnte.
- Kommunizierte Regeln sollten natürlich auch selbst eingehalten werden und damit mit gutem Beispiel vorangegangen werden.

Ist die Veranstaltung gut vorbereitet, so kann es im Einzelfall vorkommen, dass den Teilnehmenden bei der Veranstaltungsdurchführung aus deren Sicht auch mal etwas zu viel zugemutet wird. Auch wenn bei den Teilnehmenden (teilweise) eine gewisse Expertise bereits vorhanden ist, so kennen die Teilnehmenden jedoch die von der Trainerin oder dem Trainer konkret geplanten Inhalte und die gewählte Darstellungsform ja gerade nicht im Detail, sondern sie wollen diese erst in der Veranstaltung kennenlernen und erlernen.

Dass die konkreten Inhalte und auch die Art und Weise der Vermittlung dieser Inhalte für die Teilnehmenden neu sind, sollten sich daher während der gesamten Veranstaltung – gerade bei der Redegeschwindigkeit – die für die Vermittlung der Inhalte Verantwortlichen immer wieder ins Gedächtnis rufen und entsprechend agieren.

Bei der Wissensvermittlung lohnt immer wieder ein Perspektivwechsel.

- Wie ergeht es den Teilnehmenden?
- Ist die Geschwindigkeit angemessen?
  (zu schnell/zu langsam)
- Ist die Lautstärke angemessen?
  (zu laut/zu leise/zu schrill/zu undeutlich)
- Sind die Formulierungen verständlich?
  (umgangssprachlich/Fachtermini)
- Sind die Sätze präzise genug?
  (gut strukturiert/zu verschachtelt/zu lang)
- Werden die Teilnehmenden in den Prozess selbst mit einbezogen?
  (Aktion statt ausschließlich Konsum)
  - Haben die Teilnehmenden Gelegenheit, selbst zu sprechen?
    (durchatmen – abwarten – Stille aushalten – Redeanteil reduzieren)
  - Finden genügend Wiederholungen/Übungen statt?

- Können die Teilnehmenden das Gesagte aufnehmen und verarbeiten?
- Haben die Teilnehmenden Gelegenheit, das Gesagte selbst zu üben?
- …

Die Teilnehmenden können hierbei selbst um Mithilfe gebeten werden, indem sie explizit aufgefordert werden, die Referierenden darauf aufmerksam zu machen, wenn das Folgen der Inhalte erschwert ist. Die Einladung dies **zeitnah** zu tun – und nicht erst später, in der Evaluation Kritik zu äußern, wenn es für den Einfluss auf den Ablauf schon zu spät ist – kann außerdem zu einer **Zusammenarbeit auf Augenhöhe** und dadurch zum **Erfolg der Veranstaltung** beitragen.

Praxistipp

Es ist wichtig, dass alle Beteiligten auf ihre eigenen Bedürfnisse während der Veranstaltung achten. Dies ist nicht nur für die Teilnehmenden wichtig. Um die Stimme zu schonen und die Kondition gut einzuteilen, sollten auch die Trainerinnen und Trainer auf sich selbst achten:

- regelmäßig trinken (Wasser oder Tee)
- Hals-/Hustenbonbons für mögliche Stimmaussetzer
- regelmäßige Pausen/Unterbrechungen
- frische Luft
- Bewegung
- …

Strukturieren des Veranstaltungsablaufs

Damit sich die Teilnehmenden gut auf die Veranstaltung einlassen können, bedarf es der *Versicherung* und damit gleichzeitig der *Bestätigung* gegenüber den Teilnehmenden in unterschiedlicher Art und Weise dahingehend, dass deren getroffene Entscheidung, sich zu der Veranstaltung angemeldet zu haben, die richtige Entscheidung war.

Das bereits erbrachte **Vertrauen in den Nutzen** der Veranstaltung in Abwägung mit dem eigenen Aufwand kann durch eine gute Struktur **bestätigt** und **gefestigt** werden.

Kompetenzen kommunizieren

Auch wenn die Teilnehmenden bereits aufgrund der Informationen in der Beschreibung zur Veranstaltung auf die bestehende Expertise der Trainerinnen und Trainer hingewiesen wurden, so ist eine **explizite Hervorhebung der Erfahrungen und Kompetenzen** zu Beginn der Veranstaltung sinnvoll.

In der Regel liegt die Anmeldung schon eine gewisse Zeit zurück und die Einzelheiten und Beweggründe sind nicht mehr so präsent im Gedächtnis. Durch die Betonung der bestehenden Kompetenzen wird **an die damalige Entscheidung angeknüpft** und die Entscheidung für die Teilnahme und damit das Vertrauen in den Nutzen **verstärkt.**

Neben der Darstellung der Kompetenzen und Erfahrungen lockern einige persönliche (private) Aspekte die Vorstellung der eigenen Person häufig auf. Dabei sollte darauf geachtet werden, dass die **Vorstellung in einem angemessenen Verhältnis zur Gesamtdauer** der Veranstaltung steht, sodass sie *so lange wie nötig und so kurz wie möglich* ist.

Eine Darstellung der vorhandenen erforderlichen Kompetenzen und praktischen Erfahrungen dient dazu, dass sich die Teilnehmenden vertrauensvoll ganz auf die in der Veranstaltung zu vermittelnden Inhalte konzentrieren können und ihre Aufmerksamkeit nicht durch evtl. bestehende Zweifel abgelenkt wird.

Dennoch sollte der zeitliche Umfang für die eigene Vorstellung nicht überstrapaziert werden; die Teilnehmenden sollten durch die Durchführung der Veranstaltung von deren Qualität und der vorhandenen Expertise überzeugt werden.

Konkretisierung des Ablaufs

Zu Beginn sollte ein **umfassender Überblick** darüber vermittelt werden, wie der zeitliche und inhaltliche Ablauf der Veranstaltung geplant ist. Dabei sollten die Ausführungen mit der **Beschreibung der Veranstaltung übereinstimmen** und die einzelnen angekündigten zu behandelnden Themenbereiche – vorzugsweise auf der „*Tonspur*" – weiter spezifiziert und konkretisiert werden.

Praxistipp

Vertrauen in den Prozess und Sicherheit kann durch die Nutzung von Plakaten erreicht werden:

- verlässlicher zeitlicher Ablauf
  - Inhaltsvermittlung
  - Pausen (Mahlzeiten)

- Übersicht über die Themen
- …

Es empfiehlt sich, darauf hinzuweisen, dass die geplanten Zeiten eingehalten werden sollen, damit sich alle Beteiligten auch wirklich darauf verlassen können und damit deren eigenen Bedürfnisse und zeitlichen Planungen ernstgenommen werden.

Praxistipp

Teilnehmende können in diesem Zusammenhang mit einem gewissen *Augenzwinkern* auch mit in den Verantwortungsprozess mit einbezogen werden, wenn hierfür bereits eine gewisse Offenheit und Leichtigkeit zu verzeichnen ist. So können z.B. einzelne Posten als „Beauftragte" vergeben werden, deren Aufgabe die Beobachtung des Prozesses ist.

- *Pausenbeauftragte*
  zuständig für die verlässliche Einhaltung der Pausen
- *Kommunikationsbeauftragte*
  zuständig für die Einhaltung einer angemessenen Redekultur (ausreden lassen, Umfang der Beiträge, Redeanteil einzelner Personen etc.)
- …

Begründen und erklären

Während einer Veranstaltung geben die Teilnehmenden bis zu einem gewissen Teil die **eigene Kontrolle** ab, indem sie sich auf den von einer anderen Person **strukturierten Prozess einlassen.** Dieser **teilweise Kontrollverlust** und die **teilweise Unvorhersehbarkeit,** dahingehend was genau passieren wird, kann zu **Unsicherheit** und **Angespanntheit** bei einzelnen Personen führen.

Damit auch diese Personen sich gut auf die Veranstaltung einlassen können und sich am Prozess beteiligen, ist es sinnvoll, die einzelnen geplanten **Schritte gut verständlich zu erklären** und **nachvollziehbar zu erläutern, welchen Nutzen die gewählten Methoden für die Teilnehmenden** haben. Auch die Bitte, auf den Nutzen der gewählten Methoden zu vertrauen, kann die Bereitschaft erhöhen, sich auf diese einzulassen.

Gerade einige für die Wissensvermittlung und den Lernerfolg sehr sinnvolle didaktische Methoden stellen für einige Personen eine erhebliche Überwindung dar. Diesen Umstand wahrzunehmen, offen zu kommunizieren und die Teilnehmenden vor peinlichen Situationen zu schützen, indem stets auch die **Freiwilligkeit der Teilnahme** kommuniziert wird, ist für eine **entspannte Zusammenarbeit** wichtig.

Beispiel

Die Teilnehmenden sollen in einem Rollenspiel erarbeiten, wie das Gelernte in der Praxis gut umzusetzen wäre. Nach der Gruppeneinteilung und der Erarbeitung einer beispielhaften Situation in der Gruppe soll die Szene im Plenum von allen Gruppen dargestellt werden.

Erfahrungsgemäß stößt bereits die Ankündigung „Rollenspiel“ nicht gerade auf Begeisterung bei allen Teilnehmenden. Die Skepsis reduziert sich im Idealfall, wenn der Nutzen erläutert wird; wie beispielsweise eine durch diese

Erfahrung zu erlangende wesentlich größere Souveränität, wenn die realistische Chance eintritt, dass die Aufgabe tatsächlich in der Praxis bewältigt werden muss.

Trotz der häufig zunächst vorhandenen Bedenken führen Rollenspiele oft zu einer ausgelassenen Stimmung und dienen hervorragend dazu, Theorie und Praxis miteinander zu verbinden und sich die Inhalte besser merken zu können.

In angenehmer Atmosphäre lernt es sich besser und leichter. Genau dies sollte auch immer wieder offen gegenüber den Teilnehmenden kommuniziert werden.

Lernen darf Spaß machen, Freude bereiten und es darf gelacht werden!

Daran dürfen sich alle Beteiligten auch gerne immer mal wieder erinnern – ganz offen und deutlich – und dadurch die Veranstaltung gemeinsam mit Offenheit und Leichtigkeit zu einer erfolgreichen Veranstaltung machen.

Erwartungen/Vorkenntnisse der Teilnehmenden

Jede einzelne Gruppe teilnehmender Personen unterscheidet sich voneinander. Auch wenn das Veranstaltungskonzept gut durchgeplant ist und die Inhalte im Vorfeld festgelegt sind, sind immer die **besonderen speziellen Bedürfnisse und Anliegen der Teilnehmenden zu berücksichtigen und deren Fragen zu beantworten**.

Diese **Erwartungshaltung** wird meist auch bei den Teilnehmenden vorhanden sein, da dies gerade den Unterschied im

Vergleich zum Erlernen von Inhalten durch Fachliteratur ausmacht, in der häufig die für die Lesenden relevanten Fragen nicht immer ausreichend beantwortet werden.

In einer Veranstaltung sind die speziellen Bedürfnisse und Erwartungen der Teilnehmenden zu berücksichtigen.

Es empfiehlt sich, zu Beginn eine Abfrage der **Erwartungen** im Plenum durchzuführen und zu erklären, dass diese Abfrage erfolgt, um das Seminar so gut wie möglich auf die Bedürfnisse der Teilnehmenden abzustimmen.

Neben den Erwartungen kann dabei gleichzeitig mit abgefragt werden, wie groß der **Erfahrungsschatz** der Teilnehmenden in Bezug auf das Thema der Veranstaltung bereits ist.

Exkurs

Beispiele, wie die Erwartungen und der Erfahrungsschatz zu Beginn der Veranstaltung sinnvoll abgefragt werden können, sollen im folgenden Teil *Didaktischer Methodenkoffer* näher erläutert werden.

Erlaubt es die **Dauer der Veranstaltung** und findet diese mit einer überschaubaren Teilnehmendenzahl statt, so dient es außerdem der **guten Zusammenarbeit,** wenn eine **Vorstellungsrunde** der Teilnehmenden durchgeführt wird. Diese kann entweder sehr knapp oder ausführlicher durchgeführt werden, je nach Art und Dauer der Veranstaltung.

Praxistipp

Die Vorstellungsrunde der Teilnehmenden kann je nach Dauer der Veranstaltung unterschiedlich erfolgen, wie z. B. durch:

- eigene Vorstellung der Reihe nach,
- Verbindung der Vorstellung mit der Abfrage der Erwartungen und eigenen Erfahrungen,
- Interviews in Gruppen mit 2–3 Personen (zu vorgegebenen Fragen) und gegenseitiges Vorstellen im Plenum.

Hierdurch wird ein persönlicherer Austausch von Anfang an ermöglicht und damit erleichtert.

Checkliste – Ankommen …

Checkliste …	
Ankommen …	✓
Begrüßung und Umgebung kennenlernen • Begrüßung Wahrnehmung jeder einzelnen Person – Blickkontakt – Gespräch – Give-Aways? – … • Umgebung – was ist wichtig? – Besonderheiten? Sicheres Wertsachendepot Erreichbarkeit/Störungen – Zugänglichkeit (Uhrzeiten) – Kulinarische Versorgung (Uhrzeiten) – …	
Kommunikation • „Spielregeln" • Besonderheiten – Vertraulichkeit – „Digital Detox"? – Bereitschaft/Möglichkeit? • …	

Strukturieren des Veranstaltungsablaufs • Eigene Kompetenzen – Was ist besonders wichtig? – Wie umfangreich? – Was ist sonst noch interessant? • Konkreter Ablaufplan – Realistische Zeitplanung – Themenübersicht • Begründen und Erklären – was genau und warum? • …	
Erwartungen/Vorkenntnisse • Vorstellungsrunde Teilnehmende • Erfahrungen • Inhaltsbeschreibung – Abgleich? • …	

Bedürfnisse der Teilnehmenden wahrnehmen und berücksichtigen

Mit Beginn der Veranstaltung treffen eine Vielzahl verschiedener **Erwartungen und Bedürfnisse** aufeinander. Im Idealfall sind durch eine erfolgte Abfrage hinsichtlich der **Erfahrungen der Teilnehmenden** und deren **Erwartungen und Fragen** schon einige Übereinstimmungen zu erkennen.

Neben den Erwartungen an die fachlichen Inhalte unterscheiden sich die Erwartungen in der Regel auch in Bezug auf die Art und Weise, wie die Inhalte präsentiert und vermittelt werden. Die Vorgehensweise ist so zu wählen, dass dadurch möglichst viele Teilnehmende erreicht und zur aufmerksamen Mitarbeit motiviert werden können.

Arbeitsunterlagen für die Teilnehmenden

Viele Teilnehmende erwarten, dass ihnen die Unterlagen bereits während der Veranstaltung zur Verfügung stehen. Es empfiehlt sich daher, diese bereits im Vorfeld zu verteilen. Dies kann durch **Versendung per E-Mail oder Hochladen auf eine elektronische Plattform** erfolgen, auf die die Teilnehmenden vor aber auch **während der Veranstaltung Zugriff** haben.

Bei einigen Veranstaltungen wird vorausgesetzt, dass sich die Teilnehmenden mit den Unterlagen im Vorfeld beschäftigen. Diese Erwartung sollte an mehreren Stellen – in der Beschreibung der Veranstaltung, in der Anmeldebestätigung, in der Erinnerungsmail etc. – **sehr deutlich kommuniziert** werden. Sich bei der Planung der Veranstaltung darauf zu verlassen, dass alle Teilnehmenden dieser Empfehlung nachgekommen sind, birgt das Risiko, dass dies nicht der Realität entspricht. Zu viel Raum für Wiederholung der als bekannt vorausgesetzten Inhalte könnte dann zum Unmut derjenigen führen, die (entsprechend der Erwartung) die Inhalte durchgearbeitet haben und damit eine aus ihrer Sicht unnötige Verzögerung erleben. Erfolgt keine Wiederholung könnte es zu Irritation derjenigen führen, die die Vorbereitung – aus welchen Gründen auch immer – nicht erledigen konnten und sich auf eine Inhaltsvermittlung vor Ort verlassen haben.

- Die begleitenden Arbeitsunterlagen sollten im Vorfeld elektronisch zur Verfügung gestellt werden, sodass die Teilnehmenden diese bei Bedarf auch ausgedruckt mitbringen können.
- Ein Zugriff auf die Arbeitsunterlagen sollte auch während der Veranstaltung gewährleistet sein, falls die Teilnehmenden die Unterlagen im Vorfeld nicht erhalten haben sollten.
- Es ist kritisch abzuwägen und zu entscheiden, ob es sinnvoll ist, dass die Arbeitsunterlagen im Vorfeld von den Teilnehmenden durchgearbeitet werden sollten. Hierbei sind die möglichen Risiken zu berücksichtigen.

Lerntypen

Menschen sind sehr unterschiedlich dahingehend, wie sie am besten Informationen und Inhalte aufnehmen und lernen können. Einige Personen können besonders gut lernen, wenn die Inhalte **visuell** dargestellt werden; andere Personen können durch **auditiven Input** die meisten Informationen aufnehmen; manche Personen lernen **kinästhetisch** und benötigen die praktische Umsetzung, damit ein Lernerfolg eintreten kann.

Damit alle Personen trotz vorhandener **unterschiedlich ausgeprägter Lerntypen** in einer Veranstaltung einen großen Lernerfolg erleben, sollten möglichst viele unterschiedlich Darstellungsformen genutzt werden und damit unterschiedliche Reize in der Wissensvermittlung angesprochen werden.

Exkurs

Personen, die unterschiedlich lernen, können durch verschiedene Lerneinheiten und Lernmethoden erreicht werden, die im folgenden Teil *Didaktischer Methodenkoffer* beispielhaft näher erläutert werden.

Checkliste – Bedürfnisse Teilnehmende …

Checkliste …	
Bedürfnisse der Teilnehmenden durch Perspektivwechsel und Sensibilität (in Form einer Prognose) wahrnehmen und berücksichtigen …	✓
Arbeitsunterlagen • Im Vorfeld zur Verfügung stellen? • Eigene Vorbereitung durch Teilnehmende im Vorfeld notwendig? • Zugriff während der Veranstaltung? • …	
Lerntypen • Art und Weise des Inputs • Art und Weise der Wiederholungen • …	

Didaktischer Methodenkoffer – Beispiele

Die **Wahl der didaktischen Methoden** hängt von vielen unterschiedlichen Umständen ab. Wichtig ist, dass die Wahl eines didaktischen Mittels aus **eigener Überzeugung** geschieht und der **Aufwand und der Nutzen gründlich abgewogen** werden. Dann kann diese eigene Überzeugung gegenüber den Teilnehmenden **authentisch ausgestrahlt** werden und damit erhöhen sich die Chancen dafür, dass eine **vorbehaltlose Teilnahme der Beteiligten** erfolgt und diese sich auf die ausgewählten Methoden **einlassen** werden.

Es sollte Abwechslung und ein ausgewogenes Verhältnis zwischen Teilen bestehen, die auf die Vermittlung von Inhalten gerichtet sind und den Teilen, die dem Verstehen, dem Anwenden und der Wiederholung dienen.

Bei der Entscheidung für den Einsatz einer didaktischen Methode sind neben der **Dauer der Veranstaltung** und der **zu vermittelnden Inhalte** auch die **Örtlichkeiten** und der **Kreis der Teilnehmenden** in die **Überlegungen** mit einzubeziehen.

Bei sehr kurzen Lerneinheiten von einigen Stunden kann es im Ergebnis zu aufwendig und deswegen auch nicht zielführend sein, zusätzlich zu der (in der Praxis häufig üblichen) frontalen Vortragsform auf Aktivierungsübungen zurückzugreifen. Neben einem rein freien Vortrag besteht dabei häufig die **Erwartungshaltung** seitens der Teilnehmenden, dass eine **visuelle Unterstützung** durch an die Wand projizierte Folien oder ähnliches erfolgt; dadurch können zumindest auditive und visuelle Lerntypen angesprochen und erreicht werden.

Wird für eine Veranstaltung mehr Zeit als nur wenige Stunden eingeplant, so empfiehlt es sich, **Aktivierungsübungen** einzuplanen; auch wenn der Weg aus der **Komfortzone** – in Form der *vermeintlich bequemen Konsumhaltung* – die Teilnehmenden nicht immer sofort begeistern wird.

Der Nutzen wird im Ergebnis die überwiegende Anzahl der Teilnehmenden meist überzeugen. Natürlich ist es nicht möglich, es allen Teilnehmenden immer recht zu machen, sodass auch mögliche Ablehnung und Widerstände einzuplanen sind; denn alle Personen sind unterschiedlich, ebenso auch deren Vorlieben. Genau das ist ja auch gut so und macht die Planung und Durchführung von Lehrveranstaltungen gerade so **spannend,** aber eben auch **herausfordernd.**

Die Abwechslung durch verschiedene didaktische Methoden wird in der Regel maßgeblich zum Lernerfolg und damit auch zum Gelingen der Veranstaltung beitragen.

- Inwieweit der Einsatz didaktischer Methoden in der Praxis sinnvoll ist, hängt sehr von der Gesamtdauer der Veranstaltung ab.
- Bei sehr kurzen Veranstaltungen können diese Methoden zu zeitaufwendig sein und auf wenig Verständnis seitens der Teilnehmenden stoßen. In diesen Fällen können Auflockerungen z. B. durch zeitsparende Abfragen am Platz durch Handzeichen oder kurzes Aufstehen eingeplant werden.
- Das Veranstaltungskonzept ist unter Berücksichtigung dieser zeitlichen Komponente kritisch und kreativ zu hinterfragen.

Aktive Mitarbeit – Beitrag statt Konsum

Damit sich die Teilnehmenden bereits zu Beginn der Veranstaltung darauf einstellen können, was auf sie im Laufe der Veranstaltung und im Hinblick auf die **Art und Weise der Wissensvermittlung** zukommen wird, empfiehlt es sich, das didaktische Lernkonzept gegenüber den Teilnehmenden näher zu erläutern.

Dabei kann der **Nutzen der aktiven Teilnahme,** die **Übernahme der Mitverantwortung** für den **Eintritt des Lernerfolges durch die eigenen Beiträge** statt des reinen Konsums der zu vermittelnden Inhalte und der **Mehrwert vieler verschiedener Formen der Vertiefungen des Wissens mittels verschiedener didaktischer Methoden** herausgestellt werden. Einer Erläuterung einzelner Methoden bedarf es zu diesem Zeitpunkt jedoch noch nicht.

Praxistipp

Damit die Teilnehmenden erkennen, dass ihre (möglicherweise bestehenden) Bedenken oder Vorbehalte erkannt, ernstgenommen und wahrgenommen werden, sollten diese offen thematisiert werden.

Werden die Vorteile und der Nutzen der eigenen aktiven Mitarbeit nachvollziehbar in Bezug auf den zu erwartenden Lernerfolg dargestellt und empathisch betont, dass der Konsum auf den ersten Blick zwar die bequemere – jedoch nicht die erfolgversprechendere – Variante sei, so können eventuell bestehende Widerstände schon zu diesem frühen Zeitpunkt reduziert werden.

Dabei kann es hilfreich sein, davon zu berichten, dass diese eigene Hemmschwelle in der Rolle als Teilnehmerin oder Teilnehmer eines Seminars oder Trainings durchaus auch mal hoch sei – trotz des Wissens um die vielen Vorteile, die viele didaktische Methoden mit sich brächten.

Pinnwand als sichtbarer Speicher

Neben der Einladung zu einer aktiven Beteiligung während der Inhaltsvermittlung – durch Fragen oder Beiträge der eigenen Erfahrungen – kann gleich zu Beginn der Veranstaltung die *Kultur einer guten Mitarbeit* geschaffen werden, indem die Erwartungen und Fragen auf einer als **Speicher** dienenden **Pinnwand im Raum** oder in **elektronischer** Form gesammelt werden.

Praxistipp

Bei der Abfrage im Plenum sollte erklärt werden, dass diese Abfrage erfolgt, um das Seminar so gut wie möglich auf die Bedürfnisse der Teilnehmenden abzustimmen. Damit steigen die Akzeptanz und das Verständnis dafür, die wertvolle Zeit hierfür aufzuwenden.

Mittels einer sog. *Fragenwand* erfolgt eine Abfrage der Erwartungen und Fragen, die z. B. auf Moderationskarten **gut sichtbar gesammelt** werden können und während des gesamten Prozesses zur Verfügung stehen.

Praxistipp

Gerade zu Beginn bedarf es seitens der Teilnehmenden oft einiger Überwindung, sich vor der (zunächst noch fremden) Gruppe zu äußern.

Nach der Vorstellung der Methode ist zunächst ein Einlassen der Teilnehmenden auf diese Methode notwendig. Außerdem beansprucht das Nachdenken darüber, welcher Beitrag in Betracht kommen könnte, der es wert ist, auf der Fragenwand zu stehen, Zeit.

Aus diesem Grund ist es sinnvoll, den Teilnehmenden genügend Zeit zu geben, geduldig zu sein und abzuwarten. In der Regel werden nach und nach immer mehr Teilnehmende bereit sein, einen eigenen Wortbeitrag zu leisten.

Sollten die Redebeiträge dennoch ausbleiben, so können alternativ auch alle Teilnehmenden nacheinander direkt angesprochen werden, ob sie gerne eine Frage oder Erwartung auf der Fragenwand platzieren möchten. Diese Abfrage gleich zu Beginn bietet die Chance, dass alle Teilnehmenden sich schon mal zu Wort melden können und das *Eis dadurch gebrochen ist.*

Eine Beschäftigung mit diesen auf der Fragenwand gesammelten Beiträgen wird in der Regel in den einzelnen Themenblöcken bereits **sukzessive im Laufe der Veranstaltung** erfolgen. Die dann noch offenen Fragen/Erwartungen können **rechtzeitig vor dem geplanten Ende der Veranstaltung besprochen** werden, sodass dann abgefragt werden kann, inwieweit die Erwartungen der Teilnehmenden erfüllt und deren Fragen beantwortet wurden. Hierfür ist **ausreichend Zeit einzuplanen.**

Praxistipp

Eine Abfrage der Erwartungen und Fragen kann sowohl mittels Pinnwand oder in elektronischer Form erfolgen.

Die Pinnwand hat in Präsenzveranstaltungen den Vorteil, dass diese im Raum gut sichtbar aufgestellt und auch fortlaufend ergänzt werden kann.

Selbst wenn es bei den Erwartungen zu Dopplungen kommen sollte, sollten alle Beiträge bei der Abfrage gesammelt werden, damit sich alle Teilnehmenden gleich beachtet, wertgeschätzt fühlen und deren Bedürfnisse einheitlich berücksichtigt werden.

Zum Ende der Veranstaltung hin sollte genügend Zeit eingeplant werden, um jeden Beitrag tatsächlich auch zu besprechen.

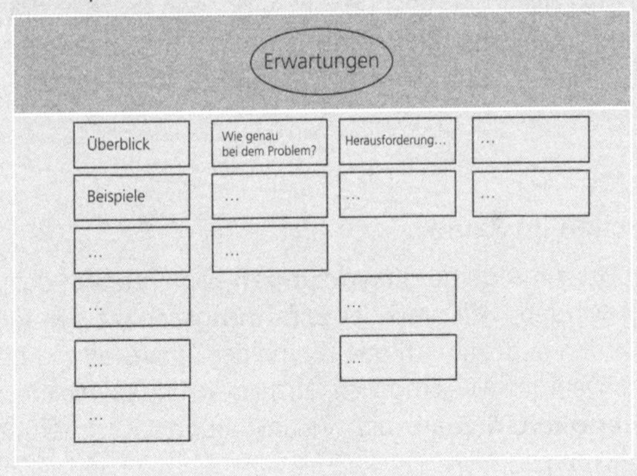

Diese Vorgehensweise und der zeitliche Ablauf sollten gut erklärt werden und im Verlauf der Veranstaltung auf die noch zu besprechenden offenen Punkte regelmäßig verwiesen werden. Die Teilnehmenden erkennen dadurch, dass diese wichtige Abfrage nicht nur eine zeitaufwendige Farce darstellt, sondern ein wichtiger Bestandteil der Veranstaltung ist, die damit speziell auf die Bedürfnisse der Teilnehmenden abgestimmt wird.

Exkurs

Diese Methode kann auch als *Themenspeicher* oder *Ideenspeicher* genutzt werden.

Sind die Inhalte einer Veranstaltung relativ offen, z. B. bei einem Workshop zu einem Thema, oder sollen Ideen im laufenden Prozess im Gedächtnis bleiben, so können die einzelnen Themen oder Ideen auf einer Pinnwand fortlaufend gesammelt werden. Dabei ist es auch möglich, dass die Teilnehmenden im laufenden Prozess, die Pinnwand selbständig ergänzen, um die Idee damit zu konservieren, ohne den gerade stattfindenden Ablauf stören zu müssen.

Aufstellen im Raum

Neben der Abfrage der **Erwartungen** kann (parallel dazu) erfragt werden, wie groß der **Erfahrungsschatz** der Teilnehmenden in Bezug auf das Thema der Veranstaltung bereits ist. Dadurch ist es möglich, abzuschätzen, auf welchem **Schwierigkeitsniveau** die Veranstaltung durchgeführt werden kann.

Beispiel

Manche Veranstaltungen werden explizit für Personen angeboten, die neu in dem relevanten Bereich sind, nahezu kein Vorwissen haben und an der Vermittlung der Grundlagen interessiert sind.

Sollten sich Personen in der Veranstaltung befinden, die dennoch über einen größeren Erfahrungsschatz verfügen, so sollte der im Vorfeld beworbene Inhalt und der Zweck der Veranstaltung im Plenum nochmals explizit deutlich herausgestellt werden.

Dadurch wird klargestellt, dass die Veranstaltung entsprechend der Inhaltsbeschreibung auf dem versprochenen Niveau für Einsteiger stattfinden wird und erfahrene Personen auf viele ihnen bekannte Dinge treffen werden.

Durch diese deutliche Klarstellung können alle Teilnehmenden sich darauf einstellen, wie die Veranstaltung ablaufen wird und unzutreffende Erwartungen können gleich zu Beginn der Veranstaltung ausgeräumt und möglichen Enttäuschungen dadurch vorgebeugt werden.

Neben der klassischen Einladung an das Publikum, sich zu ihren Erfahrungen zu Wort zu melden oder dies durch eine Abfrage mittels Abstimmung durch Handheben in Erfahrung zu bringen, kann ein **Aufstellen im Raum** sehr anschaulich die Erfahrungen der einzelnen Personen in der Gruppe widerspiegeln. Die Erfahrungen können sodann einzeln abgefragt werden und damit gleich in Verbindung mit einer **persönlichen Vorstellungsrunde** stehen.

Praxistipp

Ein plastisches Bild vermittelt das Aufstellen der Beteiligten im Raum an verschiedenen Stellen, die mit Moderationskarten auf dem Boden markiert werden.

Haben die Teilnehmenden wenig Erfahrung in dem abgefragten Bereich, so begeben sie sich direkt zu der Karte mit dem „*Minus*". Diejenigen, die über mehr Erfahrung verfügen, können sich immer weiter in Richtung der Karten „+/-" oder „+" begeben:

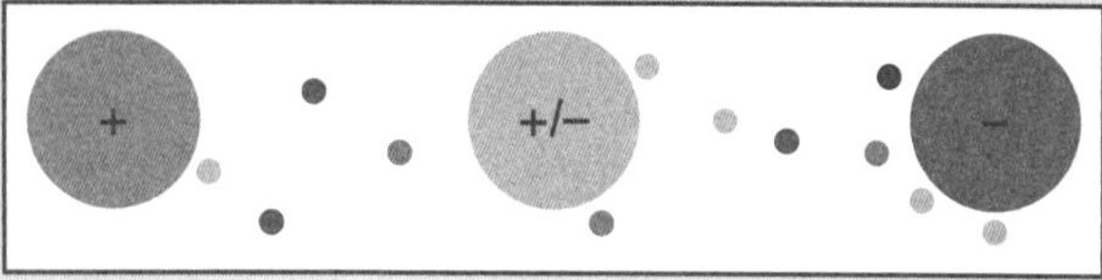

Wird diese Methoden durchgeführt, so ist es sinnvoll zu erklären, weshalb eine Abfrage erfolgt. Die Intention, die Inhalte möglichst auf die Bedürfnisse der Teilnehmenden anzupassen, wird in der Regel positiv aufgenommen werden, sodass dann auf eine rege Beteiligung gehofft werden darf.

Inwieweit eine Abfrage der Erfahrungen durch eine solche Aufstellung im Raum sinnvoll ist, hängt sehr von der Gesamtdauer der Veranstaltung ab. Bei sehr kurzen Veranstaltungen kann diese Methode zu zeitaufwendig sein und auf wenig Verständnis seitens der Teilnehmenden stoßen. In diesen Fällen kann die Erfahrung alternativ durch Handzeichen ohne großen Aufwand abgefragt werden.

Wird die Abfrage der Erfahrungen mit der Erwartungsabfrage kombiniert, sollte der Fokus auf die Erwartungen (auch mittels der Benennung als *Erwartung, verbunden mit kurzer Vorstellung*) gelegt werden, damit der Mehrwert für die Teilnehmenden deutlich wird.

Meinungsbilder/Abstimmung

Die Teilnehmenden sind in ihrem Verhalten häufig sehr unterschiedlich. Während die extrovertierten Personen sich häufig rege beteiligen, nehmen die introvertierten Personen bisweilen in einem sehr eingeschränktem Maße teil. Damit eine **Beteiligung möglichst aller Teilnehmenden** zustande kommt, können zwischendurch **Meinungsbilder** abgefragt oder **Abstimmungen** vorgenommen werden.

Solche Abstimmung können beispielsweise bei verschiedenen Fragestellungen, Einschätzungen oder Meinungsabfragen durchgeführt werden. Die Abstimmung, an der sich viele Teilnehmende beteiligen können, kann mittels **elektronischer Tools** oder durch **Handzeichen**, **Aufstehen** oder ähnliches erfolgen.

Sehr üblich ist die Durchführung einer Abstimmung oder Abfrage in elektronischer Form. Die übersichtliche leicht erkennbare Darstellung der Ergebnisse ist dabei von Vorteil.

Das Risiko der Nutzung eines solchen Tools ist jedoch, dass die Gelegenheit und Versuchung der Nutzung der mobilen Endgeräte sehr verlockend ist und die Gefahr der Ablenkung besteht.

Bewegung in der Veranstaltung

Es ist kein Geheimnis, dass **langes Sitzen** und **fehlende Bewegung** zu **Ermüdung** und damit zu einem **Abfall der Konzentrationsfähigkeit** führen. Um dies zu vermeiden, kann beispielsweise beim Wechsel von Input und darauffolgender didaktischer Aktivierungsmethoden die **Bewegung aller Beteiligten fester Bestandteil** der Veranstaltung werden. Aber auch zwischendurch können **Bewegungselemente** regelmäßig – auch spontan – in die Veranstaltung mit einfließen.

Beispiel

Bewegung erhöht die Konzentrationsfähigkeit und ist gesund, wie z. B. …

- *einfach mal kurz zum Aufstehen auffordern:*
  - *recken und strecken,*
  - *Arme/Beine ausschütteln,*
  - *Kniebeugen,*
  - *auf einem Bein stehen (Augen schließen),*
  - *Arme hängen lassen,*
  - *gähnen,*
  - *ein- und ausatmen,*

  - *Grimassen schneiden,*
  - ...
- *kurzfristige Änderungen des Settings –*
  - *Besprechen der Inhalte im Stehen in einem Kreis,*
  - *Plätze tauschen*
- ...

Solche **Bewegungssequenzen** führen zu einer **gesünderen** und zu einer im Ergebnis auch **erfolgreicheren Durchführung der Veranstaltung.**

Exkurs

Auch neue Inhalte können in Bewegung vermittelt werden, wenn sich die Rahmenbedingungen und die Inhalte dafür eignen.

So ist es durchaus möglich, Inhalte in kleineren Gruppen auch im Gehen an der frischen Luft zu vermitteln. Dies kann an stillen übersichtlichen Orten (z. B. nahegelegene Parkanlagen, Gärten, Innenhöfe, etc.) direkt durch das gesprochene Wort oder mittels vorab aufgenommener Podcasts erfolgen, die sich die Teilnehmenden bei einem gemeinsamen Spaziergang anhören.

Ist der Gang an die frische Luft nicht möglich, können Flure oder der Seminarraum ein Aufstellen im Kreis ermöglichen und so die Vermittlung und den Austausch auf andere Art und Weise erlebbar machen.

Die Inhalte können dann direkt vor Ort oder in den Räumlichkeiten besprochen werden.

Bewegung im Kopf …

Überraschende Interventionen bleiben häufig **besonders gut im Gedächtnis.** Es lohnt sich daher, sich ungewöhnliche Dinge zu überlegen, mit denen die Teilnehmenden in dem Format nicht unbedingt rechnen.

Beim Einsatz – auf den ersten Blick ungewöhnlicher – didaktischer Methoden empfiehlt es sich, die Gruppe schon einen gewissen Zeitraum beobachtet und erlebt zu haben, um abschätzen zu können, wie die möglichen Reaktionen der Teilnehmenden sein werden.

Werden sie sich auf die Methode (vielleicht sogar mit Freude) einlassen oder wird diese auf Unverständnis und Widerstand stoßen? Entsprechend der eigenen Prognose sollte eine Entscheidung für oder gegen die Methode spontan getroffen werden.

Einen Versuch sollte es wert sein. In jedem Fall wächst der eigene Erfahrungsschatz …

Phantasie ist beim Einsatz der didaktischen Methoden sehr willkommen; sofern Sinn und Zweck der – ruhig außergewöhnlichen – didaktischen Methode klar erkennbar sind. So kann der Zweck auch lediglich darin bestehen, die mit der Zeit **abnehmende Aufmerksamkeit zurückzugewinnen.**

Beispiel

- ***Wechsel des eigenen Standorts,*** *wie z. B. Sitzen im Plenum, Moderation aus dem hinteren Teil des Raumes,*
- ***Sitzordnung*** *der Teilnehmenden* ***neu anordnen,***

- ***Lautstärke*** *variieren,*
- ***Rollentausch*** *– Wechsel der vorübergehenden Moderation zu einzelnen Themen durch die kurze Weitergabe des Staffelstabes an einzelne Teilnehmende,*
- *Einschub eines kurzen – mit der zu vermittelnden Materie nicht im Zusammenhang stehenden –* ***Rätsels,***
- …

Gruppenarbeit

Nach Sequenzen der **Inhaltsvermittlung** ist es sinnvoll, die Teilnehmenden **das Gelehrte direkt anwenden** zu lassen, damit die Inhalte sich besser einprägen und die Anwendung in der Praxis trainiert werden kann.

Praxistipp

Wie diese praktische Anwendung umgesetzt wird, hängt von den Inhalten der Veranstaltungen ab.

Von der Berechnung von Aufgaben, über die Lösung von Einzelfällen oder das gedankliche Durchspielen möglicher Situationen bis hin zur Wiederholung der vermittelten Fakten kommen sehr viele unterschiedliche praktische Anwendungsbereiche in Betracht.

Häufig sollen die vermittelten Inhalte nicht nur transportiert werden, sondern das Wissen soll in der Praxis zeitnah unmittelbar angewendet werden können. Das Üben in der Veranstaltung ermöglicht es, eventuell auftretende **Fragen, Hürden** oder **Unsicherheiten** direkt besprechen zu können und damit **auf die Praxis gut vorbereitet** zu sein.

Die Abwechslung zwischen Input und der eigenen Anwendung des zuvor Vermittelten erhöht die **Aufmerksamkeitsspanne,** die **Konzentration** und hoffentlich auch die **Freude an der Teilnahme** und lässt die **Sinnhaftigkeit der Teilnahme** deutlicher erkennen. Bei der Vertiefung des Gelernten kommt sowohl die **Gruppenarbeit** als auch die **Einzelarbeit** in Betracht.

!

Es ist sinnvoll zwischen Gruppen- und Einzelarbeit abzuwechseln, da beide Formate Vorteile haben und die unterschiedlichen Wirkungsweisen auch genutzt werden sollten.

In der täglichen Praxis sind viele Personen häufig auf sich allein gestellt, sodass es sinnvoll ist, zwischendurch immer wieder Sequenzen in Einzelarbeit durchzuführen.

Bei der **Gruppenarbeit** können die Teilnehmenden selbst den Mehrwert erkennen, den die Arbeit in der Gruppe aufgrund des Austausches mit anderen Personen haben kann.

Beispiel

In Gruppenarbeit können viele verschiedene Lernmethoden angewendet werden, wie z. B.:

- *Wiederholung durch Austausch untereinander,*
- *abwechselndes gegenseitiges Erklären,*
- *kreativer Entwurf möglicher Erinnerungsmethoden, wie Reime, Akronyme, Plakate, Pantomime, …,*
- *bilden absurder Erinnerungsbeispiele, die dadurch besonders gut im Gedächtnis bleiben,*
- …

Bei der **Einzelarbeit** kann eine Stärkung des **Selbstbewusstseins** und der **Selbstwirksamkeit** der einzelnen Person durch die Erkenntnis erreicht werden, dass die Teilnehmenden befähigt werden, auch schwierige Aufgaben **selbst lösen zu können,** ohne dass sie auf die Hilfe anderer Personen angewiesen sind.

Praxistipp

Je nach Gesamtdauer der Veranstaltung und Zusammensetzung der Teilnehmenden kann eine neue gewinnbringende Dynamik in die Situation gebracht werden, indem die Gruppenzusammensetzungen immer wieder variieren.

Die Einteilung der jeweils unterschiedlichen Zusammensetzungen der Gruppen kann ebenfalls abwechslungsreich gestaltet werden. Möglich ist dies beispielsweise durch Losverfahren (z. B. mittels kleiner Zettel oder kleiner verschiedenfarbig verpackter Süßigkeiten) oder Durchzählen durch die Teilnehmenden entsprechend der gewünschten Anzahl der zu bildenden Gruppen (z. B. 1-2-3-4) mit dem Auftrag, dass sich Personen mit den jeweils übereinstimmenden *„Ziffern"* in einer Gruppe zusammenfinden sollen.

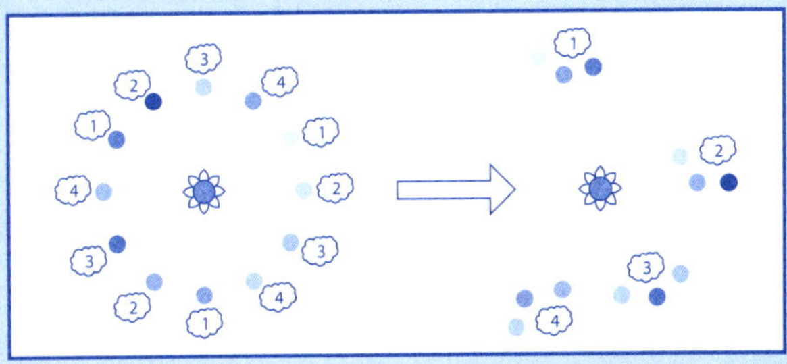

Unterschiedliche Zusammensetzungen der Gruppen können zu mehr Kreativität führen. Personen, denen der Zugang auf andere Personen nicht so leichtfällt, werden dadurch selbstverständlicher in neue Gruppen integriert und durch die neuen Zusammensetzungen kommen alle Beteiligten in Bewegung, sodass dadurch die gesundheitsfördernde Mobilität ebenfalls erreicht wird.

Murmelgruppe

Damit die Teile, in denen die Inhalte vermittelt werden, immer wieder durch Eigenarbeit der Teilnehmenden aufgelockert werden, können auch schon sehr kurze einzelne Sequenzen ausreichen.

Gerade, wenn der Zeitplan keine ausführliche Gruppenarbeit erlaubt, ein **Austausch der Teilnehmenden untereinander** jedoch sinnvoll erscheint, kann dies durch sog. *Murmelgruppen* geschehen. Hierbei tauschen sich jeweils zwei nebeneinander befindliche Teilnehmende zu einem bestimmten Thema für einen kurzen vorgegebenen Zeitraum aus. Die Beteiligten können anschließend ihre Erkenntnisse im Plenum teilen.

Danach sollten die Teilnehmenden durch die Abwechslung wieder **aufnahmefähiger** sein, sodass die Fortsetzung der Veranstaltung mit neuer Energie möglich ist.

Murmelgruppen ermöglichen einen schnellen Austausch mit sehr geringem Aufwand zwischen den Beteiligten und dienen der Abwechslung.

Rollenspiel

Die Ankündigung, ein Rollenspiel geplant zu haben, führt meist zu sehr unterschiedlichen Reaktionen. Die Kunst liegt deshalb darin, auch die zunächst skeptischen Personen vom **Mehrwert der Methode** zu überzeugen und diese dazu zu gewinnen, sich auf das *Experiment* einzulassen, auch wenn für diese Personen ein (erhebliches) **Verlassen der Komfortzone** damit verbunden sein sollte.

Gerade bei den didaktischen Methoden, die erfahrungsgemäß sehr unterschiedliche – und eben auch ablehnende – Reaktionen bei den Teilnehmenden hervorrufen, sollte im Vorfeld sehr genau abgewogen werden, ob die eigene aufgewendete Energie, um die Zweifelnden von der Methode zu überzeugen und zu einem engagierten Mitmachen zu bewegen, im angemessenen Verhältnis zu dem zu erwartenden Nutzen steht.

Rollenspiele können dazu beitragen, das zuvor Gehörte sehr anschaulich selbst in die Praxis umzusetzen. Die Teilnehmenden können sich durch diese Übung gut darauf vorbereiten, auch später in ihrem eigenen Alltag das Gelernte gut umsetzen zu können. Das direkte Feedback, auch durch die anderen Teilnehmenden, kann von erheblichem Nutzen sein, da ein **ehrliches** und (hoffentlich) **wertschätzendes Feedback** in der täglichen Praxis häufig eher die Seltenheit darstellt. Diese Gelegenheit in einem **geschützten Raum** nutzen zu können und davon zu **profitieren,** ist ein großer **Vorteil solcher Rollenspiele.**

Ist die Hürde, sich zu überwinden mitzumachen, erst einmal genommen, kann die Durchführung eines Rollenspiels den Beteiligten auch viel **Spaß** bereiten, wenn diese bereit sind, sich auf die Situation – gerne auch mit etwas **Humor** – einzulassen.

Gute Gründe für die Durchführung eines Rollenspiels:

- zeitnahe praxisnahe Umsetzung des Erlernten,
- Stärkung der eigenen Kompetenzen,
- Stärkung des Selbstvertrauens,
- Chance des wertschätzenden ehrlichen Feedbacks im geschützten Raum,
- Lernen aller Teilnehmenden durch alle Beteiligten,
- Auflockerung der Stimmung,
- Spaß und Freude bei der Durchführung.

Für das Rollenspiel sollte **ausreichend Zeit eingeplant** werden und sichergestellt werden, dass der **Umgang** der Teilnehmenden untereinander **wertschätzend** ist und eine gute Chance besteht, dass die Teilnehmenden sich auf das Rollenspiel einlassen. Eine Durchsetzung gegen den Willen der überwiegenden Mehrheit wird häufig den intendierten Erfolg ausbleiben lassen.

Praxistipp

- Die Vorteile der Durchführung des Rollenspiels sollten deutlich kommuniziert werden.

- Die Teilnehmenden sollten um ausdrückliche Zustimmung zu einem wertschätzenden Umgang miteinander gebeten werden.
- Es sollte betont werden, dass alle Beteiligten nur eine Rolle einnehmen, die nichts mit der Realität zu tun hat.
- Nach Beendigung des Rollenspiels ist ein *„Abstreifen der Rolle"* sinnvoll. Hierfür eignet sich beispielsweise ein Aufstellen aller Teilnehmenden in einem Kreis, um die Rolle ausdrücklich – verbunden mit einer entsprechenden körperlichen Bewegung – *„abzuschütteln"*.

Aufgrund der Intensität der Übung kann nach Beendigung des Rollenspiels ein kurzes Feedback der Teilnehmenden dahingehend sinnvoll sein, wie sie die Übung empfunden haben, an welches sich idealerweise dann eine Pause anschließt.

Fishbowl-Methode

Die Intensivierung eines Themas in Gruppenarbeit kann auch mit Hilfe der sogenannten **Fishbowl-Methode** durchgeführt werden. Dabei besteht stets auch die Möglichkeit, allgemein bekannte Methoden für die Erreichung der gewünschten Zwecke **abzuwandeln.**

Bei dieser Methode wird – wie in einem Goldfischglas – eine kleine Gruppe Teilnehmender in der Mitte im Kreis platziert. Die übrigen Teilnehmenden befinden sich in einem äußeren Kreis. Während die Personen im inneren Kreis (in der *Fishbowl*) über ein vorgegebenes Thema diskutieren, wird diese Diskussion von den unbeteiligten Personen des äußeren Kreises beobachtet. In der Regel befindet sich im inneren Kreis zusätzlich ein leerer Stuhl. Dieser dient dazu, dass sich Personen aus dem äußeren Kreis vorübergehend zu den Personen im inneren Kreis setzen können und sich damit an deren Austausch beteiligen können.

> *Beispiel*
>
> *Um das Setting der Fishbowl-Methode möglichst schnell aufzubauen, empfiehlt es sich, die Teilnehmenden um Mithilfe beim Aufbau zu bitten. Neben dem schnelleren Aufbau ist dann auch gleich noch eine körperliche Aktivierung mit dabei und ein gemeinschaftliches Handeln aller Beteiligten.*

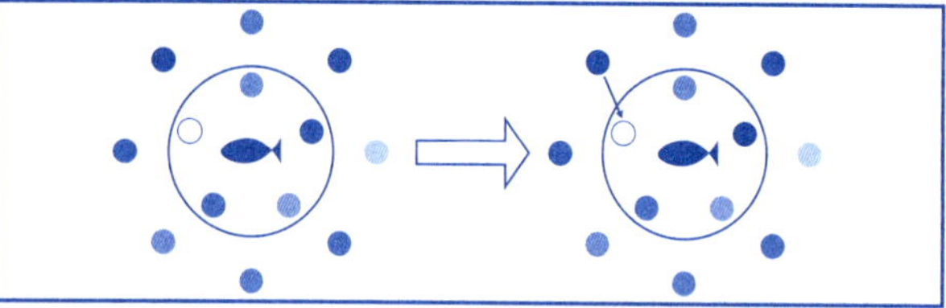

Mit Hilfe dieser Methode kann ein sehr intensiver Austausch erreicht werden. Mittels des zeitweiligen Inputs von außen, durch das Platznehmen von bislang Unbeteiligten auf dem „*leeren Stuhl*", können **neue Perspektiven** in die *Fishbowl eingebracht* und dadurch die Diskussion bereichert werden. Im Anschluss an die stattgefundene Diskussion können später durch die nicht unmittelbar am Austausch beteiligten Personen einzelne Aspekte aufgegriffen und mit dieser Perspektive von außen mit allen Personen diskutiert werden.

Praxistipp

Die Methode eignet sich auch, wenn sehr viele Teilnehmende anwesend sind und die Konzentration aller Beteiligten auf ein Thema erwünscht ist. Durch das Beobachten der Diskussion anderer Personen kann eine sehr große Aufmerksamkeit und Interesse für das Thema entstehen.

Die Hemmschwelle, sich bei der *Fishbowl-Methode* von dem äußeren in den inneren Kreis zu begeben, kann sehr hoch sein. Diese Hemmschwelle kann ggf. durchbrochen werden, indem die die Veranstaltung durchführende Person sich spontan selbst in den Kreis auf den *leeren Stuhl* begibt und damit *mit gutem Beispiel vorangeht.*

Wiederholung

Häufig wird den Teilnehmenden in Veranstaltungen durch eine (zu) große Menge an neu vermittelten Inhalten sehr viel zugemutet. Das **Dilemma,** einerseits die erwarteten und in Aussicht gestellten Inhalte kompakt zu vermitteln und auf der anderen Seite, die Veranstaltung nicht zu überfrachten, kann durch Zuhilfenahme vieler **Wiederholungssequenzen** entschärft werden.

Dabei bieten sich in der Praxis neben der verbalen Wiederholung der Inhalte durch den Vortragenden, um diese wieder ins Gedächtnis zu rufen oder zu vertiefen, verschiedene **Wiederholungsmethoden** an, von denen im Folgenden einige dargestellt werden sollen.

Schock-Memo

Gerade bei mehrtägigen Veranstaltungen – an direkt aufeinanderfolgenden Tagen oder auch bei zeitlichen Abständen – eignet sich ein Anknüpfen an die davor durchgeführte Veranstaltung in Form einer (umfangreichen) **Wiederholung.** Dieses Vorgehen sollte im Vorfeld **angekündigt** werden, sodass die Teilnehmenden sich dahingehend **entspannen** können, da sie wissen, dass eventuelle **Verständnisprobleme** durch die dann stattfindende Wiederholung **zur Aufklärung gelangen** werden.

Exkurs

Bei eintägigen Veranstaltungen ist das *Schock-Memo* auch in sehr reduzierter Form denkbar. Dabei eignet sich besonders die Zeit nach der Mittagspause, da erfahrungsgemäß zu dieser Zeit die Gefahr vereinzelter Ermüdungserscheinungen besteht und die Teilnehmenden durch die Aktivierung gut aus ihrem *Mittagstief gerettet* werden können und gleichzeitig vom Effekt einer Wiederholung profitieren können.

Mit einem Quäntchen **Humor** wird die **Aufmerksamkeit** der Teilnehmenden auf die Wiederholung meist leicht durch die Anmoderation des sog. *Schock-Memo* erreicht.

Namensgebend ist hier der abgekürzte englische Begriff für Erinnerung (*Memory*) und der *Schock*, der eintritt, wenn nach Stellen einer Wiederholungsfragen die *Bitte zur Beantwortung* eine bestimmte Person per Zufall durch das Los trifft.

Bei dieser Methode bedarf es eines **unkomplizierten Aufbaus** und einer **kurzen Anmoderation,** sodass im Anschluss daran sogleich mit der Wiederholung angefangen werden kann und sich die Teilnehmenden schnell auf dem Stand des letzten Zusammentreffens befinden.

Praxistipp

Beim *Schock-Memo* werden die (bereits im Vorhinein vorbereiteten und auf Moderationskarten geschriebenen) einzelnen Wiederholungsfragen verdeckt in einem Kreis auf den Fußboden oder einen Tisch gelegt. Daneben werden ebenso verdeckt die Namensschilder aller Teilnehmenden gelegt.

Nach dieser (relativ schnell durchzuführenden) Vorbereitung wird zunächst eine Fragenkarte gezogen, laut vorgelesen, eine kleine Pause zum Nachdenken für alle Beteiligten eingeräumt und sodann eines der verdeckten Namensschilder *gezogen*. Diese Person darf – *nach dem ersten Schock* – die Frage selbst beantworten, bevor die Fragestellung relativ zeitnah für alle geöffnet und im Plenum diskutiert wird, um die einzelnen Personen nicht unter Stress zu setzen.

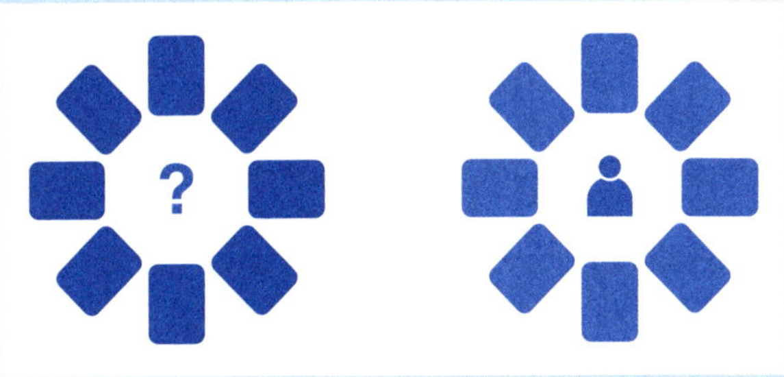

Es empfiehlt sich, in der Anmoderation die *spielerische Vorgehensweise* zu betonen und deutlich zu machen, dass der Sinn und Zweck das **Erreichen des Lernerfolges für alle Teilnehmenden** sei und deswegen die Fragen selbstverständlich immer sogleich für das gesamte Plenum geöffnet würden, sodass die Lösung durch alle gemeinsam gefunden werden könne.

Exkurs

Bei auf Dauer angelegten Veranstaltungen kann das *Schock-Memo* dahingehend angepasst werden, dass die Teilnehmenden eigenständig die Fragen formulieren und diese Fragen der Reihe nach den anderen Teilnehmenden gestellt werden.

Hierdurch wird die Vorgehensweise abwechslungsreich und der positive didaktische Effekt, der beim Überlegen eigener Fragestellung eintritt, nämlich das Thema genauer zu durchdringen und zu verstehen, tritt ebenfalls durch diese Eigenleistung ein.

Wissens-Quiz

Viele Teilnehmende nehmen sich fest vor, die Inhalte der Veranstaltung *später* … genau nachzuarbeiten, die Unterlagen zu studieren und das Gelernte zu wiederholen. Meist lassen sich diese guten Vorsätze und Pläne realistisch nicht im **herausfordernden Alltag** umsetzen; die Unterlagen landen allzu oft auf dem großen *ToDo-Stapel* und viele Lerninhalte gehen verloren, da es an der notwendigen Wiederholung des Gelernten fehlt.

Bei **mehrtägigen Veranstaltungen** sollte aus diesem Grund zum **Ende eine umfassende Wiederholung** z. B.

in Form eines **Wissens-Quiz** eingeplant werden, sofern es die Zeit erlaubt.

Der Mehrwert einer umfassenden Wiederholung, z. B. in Form eines Quiz, zum Schluss der Veranstaltung ist erheblich. Da die Länge der Wiederholung variabel ist und an die tatsächlichen Gegebenheiten flexibel angepasst werden kann, empfiehlt es sich, diese Wiederholung bei mehrtägigen Veranstaltungen einzuplanen. Diese Methode führt meist zu einer guten Zusammenarbeit in und zwischen den Gruppen, sodass der Spaß am intensiven Austausch auf hohem Niveau aufgrund des stattgefundenen Wissenserwerbs ebenfalls einen wesentlichen Platz einnimmt.

Da der Lerneffekt in der Regel durch diese Art der lockeren Wiederholung so groß ist, wird den Teilnehmenden hierdurch gleichzeitig verdeutlicht, wieviel Mehrwert die Veranstaltung hatte und wie erfolgreich diese für sie war.

Um einen möglichst großen **Lernerfolg** zu erreichen, sollte der Durchführung des Quiz im Plenum eine **Vorbereitungszeit** vorgeschaltet werden. In dieser Vorbereitungszeit sollten die Unterlagen in Gruppenarbeit intensiv durchgearbeitet werden und darauffolgend eigene Fragen **verschiedenen Schwierigkeitsgrades** und die **dazugehörige Antwort** formuliert werden. Die Dauer der Vorbereitungszeit kann **flexibel an die verbleibende Zeit angepasst** werden, sodass der zeitliche Ablaufplan verlässlich eingehalten wird.

Exkurs

Bei auf Dauer angelegten Veranstaltungen, in denen eine selbständige Eigenarbeit vorgesehen ist, wie dies beispielweise entsprechend den Modulkatalogen an Hochschulen der Fall ist, kann die Vorbereitung des Quiz als selbständig zu erledigende Aufgabe vergeben werden. Die Ergebnisse können sodann in Gruppenarbeit vor Ort zusammengetragen und das Quiz gemeinsam durchgeführt werden.

Gerade in einer solchen Konstellation kann diese Vorgehensweise eine gute Vorbereitung auf eine durchzuführende Leistungserhebung sein.

Im Anschluss an die Vorbereitungszeit werden die Fragen den anderen teilnehmenden Gruppen gestellt und von diesen beantwortet.

Es empfiehlt sich, die Fragen auf Moderationskarten schreiben zu lassen. Außerdem sollte die gewünschte Antwort ebenfalls schriftlich notiert werden.

Diese Konzentration auf die gewünschten Antworten durch die eigene Formulierung hat den Lerneffekt, dass sich die Fragestellenden ebenfalls detaillierte Gedanken machen, wie ihre Frage zu beantworten ist und bei der Formulierung der Antwort einen zusätzlichen Erkenntnisgewinn erfahren.

Von jeder Gruppe sollte nacheinander eine **Frage des jeweiligen Schwierigkeitsgrades** gestellt werden. Dies hat den

Vorteil, dass sich dadurch alle Gruppen durchgängig auf die **Durchführung des Quiz konzentrieren,** da die Abstände der Fragestellungen durch die jeweiligen Gruppen relativ kurz sind und ein fortwährender Wechsel zwischen dem Stellen der eigenen Fragen und der eigenen Beantwortung der Fragen der anderen Beteiligten erfolgt.

Praxistipp

Die Durchführung eines Quiz nach erfolgter Vorbereitung dient der umfassenden Wiederholung.

Es empfiehlt sich eine Pinnwand so vorzubereiten, dass die Teilnehmenden ihre (bunten) Moderationskarten in das vorbereitete System in abwechselnder Reihenfolge einfügen können und damit eine umfassende Fragenwand verschiedenen Schwierigkeitsgrades entsteht.

★ Quiz ★

Schwierigkeitsgrad	1. Frage	2. Frage	3. Frage
★	Gruppe 1	Gruppe 2	Gruppe 3
★★	Gruppe 3	Gruppe 1	Gruppe 2
★★★	Gruppe 2	Gruppe 3	Gruppe 1
★★★★	Gruppe 1	Gruppe 2	Gruppe 3
★★★★★	Gruppe 3	Gruppe 1	Gruppe 2
★★★★★★	Gruppe 2	Gruppe 3	Gruppe 1

Die abwechselnden Fragestellungen der Gruppen bezogen auf die verschiedenen Schwierigkeitsgrade hat den Vorteil, dass dadurch kontinuierlich die Rollen zwischen den fragestellenden und den antwortenden Teilnehmenden gewechselt werden. Dadurch kann die Aufmerksamkeit durchgängiger aufrecht erhaltenbleiben.

Stellen die Gruppen jeweils ihre Fragen aller Schwierigkeitsgrade an das Plenum, so besteht die Gefahr, dass der Durchgang der letzten Gruppen nicht in der gleichen Art und Weise von den Teilnehmenden Beachtung findet und die Mitarbeit verhaltener wird.

Schriftliche Zusammenfassung

Eine weitere der **Wiederholung** und dem **Verständnis** dienende Methode ist die **eigene Zusammenfassung des Gelehrten.** Dies kann in verschiedenen Formen und Umfängen erfolgen.

Exkurs

Wann, wo und in welchem Umfange diese Zusammenfassungen angefertigt werden sollten, hängt von dem Format der Veranstaltung ab.

Bei kürzeren Veranstaltungen kommen direkt vor Ort sehr prägnante Zusammenfassungen in wenigen Sätzen in Betracht, sodass die Teilnehmenden sich selbst *testen* können, ob sie die Inhalte verstanden haben.

Bei auf Dauer angelegten Veranstaltungen kommen umfangreichere Zusammenfassungen als eigenes begleitendes Lernmaterial – auch zwecks Vorbereitung auf Leistungskontrollen – in Betracht.

Das Anfertigen eigener handschriftlicher Zusammenfassungen hat den Vorteil, dass aufgrund des eigenen Schreibprozesses eine gewisse Entschleunigung der Beschäftigung mit den Inhalten erfolgt. *Die Aufarbeitung des Stoffes gelangt dadurch vom Kopf über die Hand auf das Papier.*

Beispiel

- ***Auf den Punkt gebracht*** *– die Teilnehmenden werden gebeten, ihre Erkenntnisse in einem Satz (oder in wenigen Sätzen) oder sogar in einem Wort auf den Punkt und auf das Papier zu bringen. Dafür können Moderationskarten und Stifte zur Verfügung gestellt werden.*

  Abhängig davon, wieviel Zeit für die Methode zur Verfügung steht, können,

  - *die beschriebenen Karten bei den Teilnehmenden verbleiben oder*
  - *alle Karten an einer Pinnwand gehängt, diese besprochen werden und gut sichtbar als Arbeits- oder Zwischenergebnis im Raum verbleiben.*

- ***My Notes (M**emor**y Notes)*** *– dienen dazu, das Erlernte kurz und knapp in einem vorgegebenen übersichtlichen Format (z.B. eine Din A4 Seite) handschriftlich zusammenzufassen. Bei auf längere Dauer angelegten Veranstaltungen entsteht dadurch eine umfangreiche Sammlung mit den wichtigsten In-*

halten aus Sicht der jeweiligen Teilnehmenden. Findet die Veranstaltung durch eine Leistungskontrolle ihren Abschluss, so dienen diese Aufzeichnungen der guten Vorbereitung auf die Prüfung.

- ***Karteikarten*** *– Nacharbeit des Stoffes durch umfassende Zusammenfassung im handlichen Format.*
- ***Mindmaps*** *– visuelle Wiederholung.*
- …

Eine solche Zusammenfassung kann auch **in elektronischer Form** in Betracht kommen, wobei die Arbeit mit dem Tablet den handschriftlichen Notizen am nächsten kommt.

Müdigkeit vorbeugen oder abhelfen

Neben der bereits erörterten *körperlichen Bewegung* und der *Bewegung im Kopf*, die immer wieder Bestandteil der Veranstaltung sein sollten, sind einige Zeitpunkte besonders prädestiniert für den Abfall der Aufmerksamkeit durch Müdigkeit der Teilnehmenden. Beispielsweise nach der Mittagspause gilt es daher, die Teilnehmenden aus dem *Suppenkoma* und später in den letzten Stunden vor Ende der Veranstaltung aus dem *Nachmittagstief* zu befreien.

Aus der Vielzahl verschiedener didaktischer **Aktivierungsmethoden** sollen hier beispielhaft einige wirksame Methoden beschrieben werden, die häufig mit einer guten Stimmung belohnt werden.

„Obstsalat" – Aktivierungsmethode

Bei der sog. *Obstsalat-Methode* kommen die Teilnehmenden gleichzeitig **geistig und körperlich in Bewegung.**

Damit diese Methode durchgeführt werden kann, werden für alle Teilnehmenden Stühle in einem Kreis angeordnet, auf denen diese Platz nehmen. Die diese Methode **moderierende Person** stellt sich in die Mitte des Kreises und fordert die Teilnehmenden auf, sich jeweils einen neuen Stuhl als Sitzplatz zu suchen, wenn die von der Moderation getroffene Aussage auf sie zutreffen sollte.

Entsprechend der Benennung *Obstsalat* kommen Aufforderungen in Betracht, wie z.B. *wer eine spezielle Frucht mag, möge sich bitte einen neuen Platz suchen*; aber auch Aufforderungen *fern der Früchte*, wie z.B. *wer Turnschuhe trägt, möge sich bitte einen neuen Platz suchen*. Da auch die (bis dahin stehende) moderierende Person sich nach der Aufforderungen einen Sitzplatz sucht und diesen einnimmt, wird es einer anderen Person nicht gelingen, einen noch nicht besetzten Sitzplatz zu finden, da ein Stuhl zu wenig im Kreis aufgebaut ist. Diejenige Person, der es nicht gelingt, einen Stuhl zu erreichen, und dies (überrascht) feststellt, übernimmt sodann die Moderation mit dem Ziel, schnell wieder einen Sitzplatz zu bekommen.

Praxistipp

Bei der *Obstsalat-Methode* kann es auch mal recht turbulent zugehen. In der Anmoderation sollte darauf hingewiesen werden und um Rücksicht untereinander –

insbesondere auf mobilitätseingeschränkte Personen – gebeten werden.

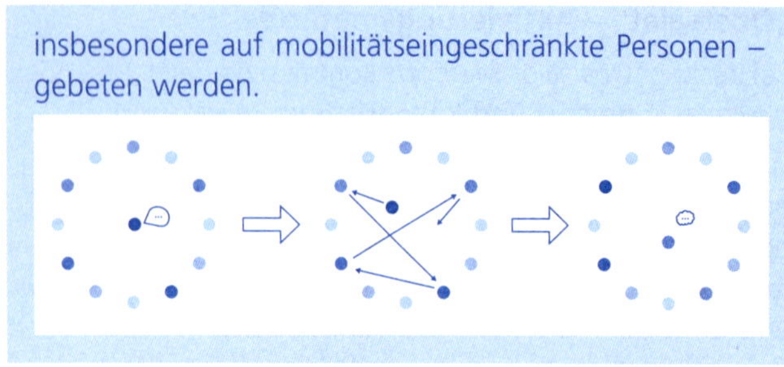

Die Methode führt häufig zu einer sehr ausgelassenen Stimmung und schon nach wenigen Durchgängen können sich die Teilnehmenden mit befreitem Kopf auf die nächsten Inhalte konzentrieren.

„Zipp" – Aktivierungsmethode

Eine sehr schnell umzusetzende Methode, um die Aufmerksamkeit zurückzuerlangen ist die sog. *Zipp-Methode.*

In einem Kreis stehend wird ein **Händeklatschen,** welches gleichzeitig *„Zipp"* benannt wird, nach rechts oder links zeigend an die danebenstehende Person *weitergegeben*. Diese Person entscheidet spontan, dieses *klatschende Zipp* an die nächste Person nach rechts oder links *weiterzugeben*.

Alle Teilnehmenden konzentrieren sich darauf, wo sich dieses *Klatschen im Kreis befindet* und ob es *zu ihnen gelangt* und an wen sie dieses *weitergeben* werden.

Rätselraten – Aktivierungsmethode

Ohne Bewegungseinheit kann die Aufmerksamkeit durch das Nachdenken über *Rätsel* aus völlig anderen Bereichen zurückerlangt werden. Diese können verschiedenen Schwierigkeitsgrades sein. Hier empfiehlt es sich, die Aufgabenstellung z. B. auf einem Flipchart zu visualisieren.

Beispiel

Eine kleine Inspiration, die für Kopf zerbrechen sorgt …

Die Mitarbeitenden der Dienststelle zur Förderung des Humors gehen gemeinsam auf den Jahrmarkt. Antonia, Bernd, Christiane und Daniel trauen sich in den Dragon Palast. Um zum Ausgang zu gelangen, müssen sie eine Brücke im Dunkeln mit einer Fackel überqueren. Diese wird von einem Drachen bewacht, der 13 Minuten im Tiefschlaf ist.

Die Brücke kann nur zwei Personen gleichzeitig tragen. Die Überquerung kann nur mit der einzigen Fackel erfolgen, da andernfalls Absturzgefahr in ein Becken gefüllt mit Drachenschleim besteht.

- *Antonie (A) braucht 1 min. für die Überquerung.*
- *Bernd (B) braucht 2 min. für die Überquerung.*
- *Christiane (C) braucht 5 min. für die Überquerung.*
- *Daniel (D) braucht 6 min. für die Überquerung.*

Wie schaffen die vier es, rechtzeitig über die Brücke zum Ausgang innerhalb der 13 Minuten zu kommen?

Lösung:

A, B gemeinsam hin – 2 min; A allein zurück – 1 min zurück
C, D gemeinsam hin – 6 min; B allein zurück – 2 min
A, B gemeinsam hin – 2 min; insgesamt 13 min

Durch die geistige Beschäftigung mit Dingen, die nichts mit der Materie zu tun haben, kann Ablenkung geschaffen werden. Auch diese Übung darf natürlich Spaß machen; dies sollte auch gegenüber den Teilnehmenden kommuniziert werden. Geeignet sind alle (in überschaubarer Zeit lösbaren) Rätsel dafür.

Checkliste – Didaktischer Methodenkoffer

Checkliste …	
Didaktische Methoden … *kreativ gestalten*	✓
Aktive Mitarbeit – Beitrag statt Konsum • Pinnwand als sichtbarer Speicher – Erwartungen/Fragenwand – Ideen-/Themenspeicher • Aufstellen im Raum • Meinungsbilder/Abstimmung • Körperliche Bewegung in der Veranstaltung • Bewegung im Kopf • …	
Gruppenarbeit • Murmelgruppe • Rollenspiel • Fishbowl-Methode • …	

Wiederholung • Schock-Memo • Wissens-Quiz • Schriftliche Zusammenfassung • …	
Müdigkeit vorbeugen oder abhelfen • „Obstsalat" • „Zipp" • Rätsel • …	
Und sonst … • … • …	

Umgang mit Herausforderungen

Auch wenn die Veranstaltung noch so gut vorbereitet ist, ein wertschätzender und respektvoller Umgang aller Beteiligten vereinbart und tatsächlich auch gelebt wird, Ablaufplanung und Durchführung bestens übereinstimmen, die Erwartungen der überwiegenden Anzahl der Teilnehmenden erfüllt werden, nahezu alle Fragen und Anliegen gelöst werden können, die Räumlichkeiten hervorragend geeignet sind, etc., so kann es dennoch immer zu besonderen Herausforderungen kommen. Unvorhersehbare oder irritierende Reaktionen der Teilnehmenden oder sonstige (wahrgenommene) Störungen, die den Ablauf und die Durchführung der Veranstaltung beeinträchtigen und die Trainerin oder den Trainer aus dem Konzept bringen können.

Der Eintritt von Situationen, die zu Störungen des Ablaufs der Veranstaltung führen können, sind in der Praxis nicht voraussehbar und nicht planbar. In Betracht kommen hierbei Beeinträchtigungen, die einen geringen oder einen größeren Einfluss auf die Veranstaltungsdurchführung haben können. Um spontan souverän reagieren zu können, ist es hilfreich, sich einige Szenarien und die möglichen Reaktionen darauf im Vorfeld zu durchdenken.

Unter Beibehaltung eines insgesamt positiven und optimistischen Blicks auf die erfolgreiche Durchführung von Veranstaltungen sollen im Folgenden mögliche Situationen und Reaktionen beispielhaft erörtert werden.

Diese Vorgehensweise dient der guten Vorbereitung, um auch problematische Situationen souverän einschätzen und darauf reagieren zu können.

Daher gilt: Lieber im Vorfeld gut vorbereitet als später böse überrascht zu sein.

Kopfkino und die Realität

Personen reagieren unterschiedlich. Grundsätzlich ist es nicht möglich, die Erwartungen aller Beteiligten zu erfüllen. Manche Personen zeigen ihren Unmut mittels **Körpersprache** deutlich nach außen. Andere Personen wiederum **lassen nach außen nicht erkennen,** wie sie Situationen einschätzen oder beurteilen.

Auslöser für wahrnehmbare Reaktionen der Teilnehmenden können etwa **enttäuschte Erwartungen jeglicher Art,** wie z. B. Auswahl und Niveau der vermittelten Inhalte, Unverständnis hinsichtlich der didaktischen Vorgehensweise, Örtlichkeiten und Ausstattung oder Spannungen zwischen den Teilnehmenden etc. oder aber auch von der Veranstaltung unabhängige persönliche Umstände sein.

Schon die **Mimik, Gestik** und weitere kaum merkliche Verhaltensweisen der Teilnehmenden können zu **Verunsicherung** der für eine erfolgreiche Veranstaltung verantwortlichen Person führen. Selbst wenn diese Verhaltensweisen in **keinerlei Zusammenhang** mit der Veranstaltung stehen sollten, könnten die Trainerin und der Trainer diese auf sich selbst beziehen.

Beispiel

Häufige Verhaltensweisen, die zu Irritationen und (ggf. falschen (?)) Schlussfolgerungen seitens der Personen, die die Veranstaltung durchführen, führen können:

- *fehlendes Interesse (?)*
  (verdeutlicht durch Konzentration auf das Smartphone/Notebook/Tablet etc.),
- *Körpersprache als Reaktion auf das Gesagte/die Aufgabenstellung (?),*
  (wie z. B. ablehnende Blicke, Augenrollen, leises Reden mit anderen Teilnehmenden),
- *verbale (unverständliche) Kommentierung des Gesagten/der Aufgabenstellung,*
- *fehlende Teilnahme bei didaktischen Methoden/Aktivierungsübungen,*
- *überdurchschnittlich hohe Anzahl von Fragen/Wortbeiträgen, um Wissen/Kompetenz in Frage zu stellen(?).*

Bei vielen Menschen folgt als Reaktion auf auffällige Verhaltensweisen im Teilnehmendenkreis ein besonderer **Fokus** auf die jeweilige Person, deren Körpersprache oder eine besondere Verhaltensweise, selbst wenn die Veranstaltung in keinem Zusammenhang mit dem Verhalten steht.

Der Auslöser für Verhaltensweisen anderer Personen steht nicht zwingend im Zusammenhang mit der Veranstaltung, sondern kann auch die Reaktion auf einen anderen Umstand darstellen.

Grundsätzlich sollte anderen Personen zugestanden werden, dass diese **eigenverantwortlich selbst entscheiden, worauf sie ihre Aufmerksamkeit lenken können und wollen** und es ist zu berücksichtigen, dass immer wieder **Situationen entstehen können, denen aus Sicht dieser Personen der Vorrang einzuräumen ist, sodass andere Dinge** *(und eben auch eine gerade stattfindende Veranstaltung)* **zurückzustehen haben.** Sich diesen Umstand zu verdeutlichen kann dabei helfen, mögliche Verhaltensweisen der Teilnehmenden als von der Veranstaltung losgelöst einzuschätzen.

Beispiel

Die wahrgenommene Reaktion könnte auch unabhängig von der Veranstaltung sein; auch hier kann ein Perspektivwechsel hilfreich sein …,

- *Blick auf Smartphones etc., weil eben gerade andere Dinge wichtiger für die jeweilige Person sind …,*
- *Körpersprache (z. B. ablehnende Blicke, Augenrollen, leises Reden mit anderen Teilnehmenden), die auf ganz andere Dinge bezogen ist, weil nicht immer alle Personen vollständig konzentriert bei der Sache sind, sondern sich zwischendurch auch mal durch andere Dinge ablenken lassen (müssen) …,*
- *verbale Kommentierung sind ggf. anders gemeint als wahrgenommen …,*
- *fehlende Teilnahme bei didaktischen Methoden/Aktivierungsübungen aus guten Gründen, die persönlichen Ursprungs sind und nicht eine generelle Ablehnung darstellen sollen …,*

> - *überdurchschnittlich hohe Anzahl von Fragen/Wortbeiträgen, um besser zu verstehen und von der Veranstaltung bestmöglich profitieren zu können …*

Handelt es sich bei der wahrgenommenen Verhaltensweise der Teilnehmenden *unmissverständlich* um eine Reaktion auf die Durchführung der Veranstaltung, so ist abzuwägen, welche Reaktion sinnvoll sein könnte. Zumeist spielt sich mit der Wahrnehmung selbst bei routinierten Personen häufig ein sog. *Kopfkino* ab, in welchem innerlich parallel zur Durchführung der Veranstaltung die **eigene Leistung** hinterfragt wird.

Praxistipp

Es ist empfehlenswert, sich insbesondere folgende Fragen schon im Vorfeld für mögliche herausfordernde Situationen und erst recht beim tatsächlichen Auftreten zu stellen:

- Wieviel Raum sollte dem eigenen *inneren Kritiker* gegeben werden?
- Sind Reaktionen eines Teilnehmenden tatsächlich auf die Veranstaltung bezogen oder sind diese ggf. unabhängig von der Veranstaltung?
- Wieviel Raum sollte ablehnenden Teilnehmenden gegeben werden?
- Sind es nur wenige unzufriedene Teilnehmende oder sind es doch mehrere Personen, die mit dem Verlauf der Veranstaltung unzufrieden sind?

- Ist es der Mehrzahl der Teilnehmenden gegenüber fair, einigen wenigen Personen so viel Aufmerksamkeit zu schenken?
- Welche Auswirkungen kann die Reaktion der Teilnehmenden auf den Erfolg der gesamten Veranstaltung haben?
- Ist es vertretbar, die Veranstaltung weiter fortzuführen, ohne die Situation anzusprechen?
- Ist es realistisch, die Veranstaltung gut bis zum Ende durchzuführen?
- Wie fühlt es sich gerade an, die Veranstaltung durchzuführen?
- …

Die Beschäftigung mit diesen Fragen und das **vorherige theoretische Durchdenken** kann dazu beitragen, ein **spontanes souveränes Auftreten** bei Eintritt der konkreten herausfordernden Situation zu erleichtern.

Dabei sollte die Situation vor Ort, wenn diese nicht plötzlich eskaliert, einige Momente **beobachtet** und eine Entscheidung dahingehend getroffen werden, ob es einer **Thematisierung** der Situation bedarf und wenn ja, in welcher Art und Weise.

Beispiel

Nach Feststellen und Beobachten einer auffälligen Situation ist zu entscheiden, ob und wie eine offene Thematisierung als sinnvoll eingeschätzt wird …

- ***Kein Ansprechen,*** *wenn die Auswirkungen als relativ gering eingeschätzt werden und der Person nicht zu viel Raum geboten werden sollte und die Mehrzahl der Teilnehmenden mit der Veranstaltung zufrieden zu sein scheint und sich nicht beeinträchtigt fühlt.*
- ***Dezente Bitte um ein kurzes persönliches Einzelgespräch,*** *wenn der Eindruck besteht, dass eine Person mit der Situation nicht zufrieden ist und dies relativ deutlich nach außen kommuniziert; Schilderung des eigenen Eindrucks und Angebot einer möglichen Unterstützung.*
- ***Offene Ansprache des persönlichen Eindrucks gegenüber (allen) Teilnehmenden;*** *Lösungsaustausch hinsichtlich des möglichen Umgangs mit der Situation (z. B. bei Wahrnehmung angespannter atmosphärischer Stimmung in der Gruppe, die ins Negative zu kippen droht). Wird eine solche wahrgenommene Stimmung nicht angesprochen, besteht die Gefahr, dass der Erfolg der Veranstaltung gefährdet wird, da bereits geringe atmosphärische Schwankungen häufig von vielen Teilnehmenden wahrgenommen werden und ggf. zu einer negativen Eigendynamik führen können.*

Aufgrund der Komplexität der Möglichkeiten, mit schwierigen Situationen und Störungen umzugehen, lohnt es sich, sich mit dieser Thematik vorausschauend zu beschäftigen, um souverän handeln zu können.

!

- Auch wenn die Veranstaltung sehr gut vorbereitet ist, kann es bei der Zusammenarbeit mit anderen Menschen immer auch zu schwierigen Situationen oder Störungen kommen.
- Hilfreich ist ein Perspektivwechsel, um dem *Kopfkino* und den Selbstzweifeln Einhalt zu gebieten und die Veranstaltung weiter erfolgreich durchführen zu können.
- Je nach Situation und Ausmaß kann es im Einzelfall sinnvoll sein, das Gespräch zu suchen.
- Wird das Gespräch zu einzelnen oder mehreren Personen gesucht, sollte hierbei sehr sensibel vorgegangen werden. Gerade Einzelgespräche sollten in einem geschützten Rahmen stattfinden, sodass diese von anderen Personen möglichst nicht wahrgenommen werden. Andernfalls könnten hierdurch unerwünschte Situationen unterschiedlichster Form entstehen, die abhängig von den Beteiligten eine Eigendynamik entfalten können, die sich negativ auf einzelne Personen oder mehrere Personen und damit sogar auf die ganze Veranstaltung auswirken könnten.
- Oberste Priorität sollte stets der wertschätzende und respektvolle Umgang untereinander haben.

Unerwartete Vorkommnisse

Eine **positive Einstellung** hinsichtlich des Gelingens der Veranstaltung wirkt sich in der Regel auf alle Beteiligten aus, indem diese wahrgenommen und möglichst auch übernommen wird. Deswegen sollte eine solche vorhandene positive Haltung durch ein souveränes Auftreten ausgestrahlt und aufrechterhalten werden; selbst wenn die Durchführung – aus welchen Gründen auch immer – nicht durchweg wie im Idealfall geplant stattfinden kann.

Neben den bereits dargestellten möglichen Einflussfaktoren durch wahrgenommene Verhaltensweisen der Teilnehmenden kommen weitere unterschiedliche Vorkommnisse in Betracht, die Einfluss auf die Durchführung der Veranstaltung haben können.

Mögliche unerwartete Vorkommnisse oder Szenarien in die Planung mit einzubeziehen, dient einer guten umfassenden Vorbereitung. Dieses gedankliche *Durchspielen möglicher Hindernisse* sollte unabhängig von der ansonsten positiven, zuversichtlichen Einstellung hinsichtlich des prognostizierten Erfolges der Veranstaltung stattfinden.

Unerwartete Vorkommnisse können im **unmittelbaren Zusammenhang mit der Veranstaltung** stehen, *wie z. B. organisatorische oder persönliche Herausforderungen.* Einfluss auf die Veranstaltung können aber auch **von außen einwirkende Umstände** haben, die nicht mit der Veranstaltung im unmittelbaren Zusammenhang stehen, wie *z. B. weltpolitische Entwicklungen oder Naturkatastrophen.*

Selbst nach vorausschauender Planung und erfolgter Auseinandersetzung mit möglichen Herausforderungen ist es möglich, dass der Verlauf der Veranstaltung sich nicht in die gewünschte Richtung entwickelt.

Auch diese – in der Regel eher unwahrscheinliche – Möglichkeit sollte zumindest theoretisch im Vorfeld durchdacht werden, um damit im *Ernstfall* professionell, souverän und offen umgehen und gelassener reagieren zu können.

Abhängig von der konkreten Situation ist häufig auch hier die Entscheidung zu treffen, inwieweit die Entwicklung gegenüber den Teilnehmenden thematisiert werden sollte.

Abhängig von den Auswirkungen der unerwarteten Umstände sollte auf diese reagiert werden. Dabei kann es sinnvoll sein, die **Situation offen anzusprechen.** Es kann ebenfalls vorkommen, dass die Teilnehmenden auf besondere beeinträchtigende Umstände aufmerksam machen und sodann gemeinsam über den Umgang mit der Situation entschieden werden muss.

Beispiel

Der Eintritt möglicher beeinträchtigender Umstände und mögliche Reaktionen darauf, können im Vorfeld beispielhaft durchdacht werden, um gut vorbereitet zu sein …

Mögliche Herausforderungen	Abweichende Gruppengröße	Technische Probleme	Blackout/ Gesundheit	Weltpolitische Situation
Durchführung/ Fortsetzung möglich?	abhängig vom Ausmaß der Abweichung/ Räumlichkeiten	abhängig vom Lehrkonzept – ausschließlich Technik?	Ausmaß? – sich sammeln – atmen – Pause?	Ausmaß? Angemessenheit
Thematisierung? (+/–)	abhängig von der Gruppe/ Abweichung der Anzahl	(+) unübersehbar/ bei fehlender Flexibilität (-) bei Flexibilität	Blackout geht häufig schnell wieder, dann (-) falls nicht (+) Gesundheit: Einzelfall – auf sich achten	Abhängig von: – Stimmung – Atmosphäre – Teilnehmenden
Vorgehensweise? Didaktik	Gruppenarbeit/ Fishbowl / ...	Zugriffe? – Cloud – Ausdruck	Pause Aktivierung Gruppenarbeit	Gruppenarbeit/ Möglichkeit des Austausches

Freudvoll Scheitern – aus Fehlern lernen

Sollten (unvorhersehbare) Umstände dazu führen, dass trotz der durchgeführten Vorüberlegungen die Veranstaltung (teilweise) zu scheitern droht, so ist auch auf diese Situation angemessen zu reagieren. Zunächst bedarf es einer (wenn möglich) **gelassenen Beobachtung** und **Einschätzung der Situation.**

Entwickelt sich die Veranstaltung dabei so, dass diese nicht den selbst gesetzten oder allgemein anerkannten **Anforderungen an Qualität** entspricht, so kann das offene Ansprechen der Situation dazu führen, dass mit den Teilnehmenden gemeinsam eine Lösung erarbeitet werden kann. Dadurch könnte die Veranstaltung im Ergebnis doch noch als erfolgreiche Veranstaltung eingeschätzt werden. Auch kann die Entscheidung dahingehend ausfallen, die Veranstaltung – ggf. in angepasster Form – weiterzuführen oder im Ernstfall sogar vorzeitig zu beenden.

Auch wenn diese Konstellation nicht diejenige ist, die bei der Planung einer Veranstaltung in Betracht gezogen werden möchte, dient diese theoretische Beschäftigung mit einem solchen „*worst case*" der **sensiblen und aufmerksamen Durchführung einer Veranstaltung.** Hierdurch wird automatisch bei der Durchführung gleichzeitig auch ein **selbstkritisch beobachtender Blick** den Ablauf der Veranstaltung durchgängig begleiten und vor der eigenen Lähmung und Sprachlosigkeit schützen.

Entsteht während der Veranstaltung tatsächlich der Eindruck, dass sich diese nicht in die gewünschte Richtung entwickelt, so bedarf es Mut, sich diese Entwicklung einzugestehen und entsprechend zu reagieren.

Das vorherige Durchdenken erleichtert die Einschätzung und die Reaktion, um (hoffentlich) auch mit der Entwicklung mit einer gewissen Leichtigkeit umgehen zu können.

Auch wenn das mögliche Scheitern meist nicht wirklich *freudvoll* sein wird, so sollte dennoch versucht werden, aus den Fehlern zu lernen und diese Erfahrung zu nutzen, statt deswegen zu resignieren.

Es bleibt zu hoffen, dass die Teilnehmenden dann – neben der wahrscheinlich vorhandenen Enttäuschung über den Verlauf einer nicht zufriedenstellenden Veranstaltung – die dann **kommunizierte selbstkritische und damit professionelle Vorgehensweise** im Ergebnis **zu schätzen wissen.**

Umgang mit Feedback/Kritik/Evaluationen

Erfolgreiche Veranstaltungen leben von den **Rückmeldungen und Bewertungen der Teilnehmenden.** Diese Rückmeldungen und Einschätzungen der Teilnehmenden können **unterschiedlichen Zwecken** dienen.

Wird im **Verlauf** der Veranstaltung ein **Stimmungsbild** eingeholt, so ermöglicht dies, auf den Veranstaltungsablauf noch **gestaltend einwirken** zu können und entsprechend den **Bedürfnissen** der Teilnehmenden **anzupassen.**

Praxistipp

Ein Stimmungsbild kann zu verschiedenen Zeitpunkten eingeholt werden:

- *Inhaltliche zeitliche Zäsur*
  Nach Abschluss eines zusammenhängenden Teils können die Teilnehmenden um Feedback gebeten werden; z. B. durch Handzeichen oder mittels Wortbeitrag In einem (stehenden) Kreis nacheinander, pantomimisch ein Streichholz in der Hand haltend, um damit zu symbolisieren, dass dieses Blitzlicht nur sehr kurzgehalten werden soll.
- *Abschluss eines Tages*
  Zum Abschluss eines Tages, z. B. durch Werfen eines Balles in der (stehenden) Runde der Teilnehmenden, um damit das Wort zu erteilen, um bei …
  - mehrtägigen Veranstaltungen noch Anpassungen vornehmen zu können und
  - bei eintägigen Veranstaltungen, gut abschließen und auseinandergehen zu können.

Neben der **Anpassung** der laufenden Veranstaltung kann das Feedback der Teilnehmenden hilfreich dabei sein, die Durchführung der **Veranstaltung langfristig zukünftig anzupassen.** Bei vielen Lehrveranstaltungen ist es inzwischen üblich, zum Abschluss eine umfassende Evaluation mittels einer anonymen elektronischen Befragung durchzuführen.

Die Abgabe eines umfassenden Feedbacks kann mit Überwindung oder Mühe seitens der Teilnehmenden verbunden sein. Damit die Bereitschaft, sich zu beteiligen, gesteigert wird, sollte der für die Evaluierenden vorhandene Nutzen erläutert werden:

- *Feedback während der Veranstaltung* ermöglicht die Anpassung entsprechend den geäußerten Wünschen und Bedürfnissen.
- *Feedback im Anschluss an die Veranstaltung* dient der kritischen Überarbeitung, von der die nachfolgenden Teilnehmenden profitieren können und von der die Teilnehmenden dementsprechend aufgrund früherer Feedbacks auch schon in der konkreten Veranstaltung profitieren konnten.

Generell sollte Feedback unkommentiert bleiben, es sei denn, eine Klarstellung von bestehenden Missverständnissen ist notwendig.

Bei der Aufforderung zur Abgabe des Feedbacks sollte explizit um **wertschätzend formulierte konstruktive Kritik** und (gerne auch) **Lob** gebeten werden. Dies entspricht in der Regel den zu Beginn der Veranstaltung bereits formulierten „*Spielregeln*", die auch im **anonymen Rahmen** weiterhin gelten sollen.

Praxistipp

Konstruktiv geäußerte Kritik ist sehr hilfreich und kann bei der persönlichen und inhaltlichen Weiterentwicklung erheblich weiterhelfen. Es ist daher gut und wünschenswert, wenn konstruktive Kritik in der Evaluation vorhanden ist.

Trotz der Bitte, in der anonymen Evaluation so zu kommunizieren, *als würde die Kommunikation in einem persönlichen Gespräch stattfinden*, kommt es jedoch vereinzelt vor, dass sich in den Evaluationen Äußerungen befinden, die sogar als *verletzend, despektierlich, unsachlich oder unqualifiziert* eingeordnet werden können.

Finden sich solche Kommentare in den Evaluationen, empfiehlt es sich, den Fokus von solchen Äußerungen abzuwenden. Häufig sind es die wenigen – im Ton unangemessenen – Kommentare, denen dann leider zu viel Bedeutung eingeräumt werden. Die vielen guten, wertschätzenden und lobenden Äußerungen treten als Folge in den Hintergrund und das *Gedankenkarussell* in Richtung Selbstzweifel wird einschaltet; selbst, wenn zuvor eine (realistische) positive Selbsteinschätzung aufgrund der Wahrnehmung der Gesamtsituation vorherrschte.

Grundsätzlich kann man es nicht allen recht machen, von allen gemocht werden und nicht zu allen Teilnehmenden besteht ein *gleich guter Draht* … Bei selbstkritischer eigner Einschätzung wird sich feststellen lassen, dass dies sicher auch in die andere Richtung vorkommen kann.

Um den Fokus auf die angemessenen und konstruktiven Äußerungen zu lenken, empfiehlt es sich, bei Vorhandensein einer Einteilung im Evaluationsbogen zum Schluss die positiven Anmerkungen zu lesen, sodass diese nachklingen können.

Auch wenn das Lesen positiver Bewertungen sicher mehr Freude bereitet, so ist das Vorliegen **konstruktiv und wertschätzend geäußerter Kritik besonders hilfreich** und sehr zu begrüßen. Die Anpassung der Veranstaltungsdurchführung an die **berechtigt geäußerte Kritik kann langfristig maßgeblich zum Erfolg einer Veranstaltung beitragen,** da dieser Blick von außen sehr hilfreich sein kann.

Meist bleiben dabei gerade die Aspekte besonders im Gedächtnis (und können auch ein wenig enttäuschende Wirkung haben), deren Schwächen ohnehin schon selbst erkannt wurden und von deren Überarbeitung oder Anpassung bislang noch Abstand genommen wurde; diese Anpassung wird damit nahezu unumgänglich und kann der Qualität der Veranstaltung dienen.

Eine **selbstkritische Reflektion** steigert die Motivation, entsprechend der angesprochenen Kritikpunkte Verbesserungen vorzunehmen.

- Konstruktive Kritik ist ein Geschenk, um die Veranstaltung und das eigene Auftreten zu verbessern.
- Unangemessene Äußerungen können auch mit der emotionalen Situation der verfassenden Personen zusammenhängen, ggf. sogar mehr als mit den adressierten Personen. Sich dies zu verdeutlichen, kann dabei helfen, mit verletzenden Äußerungen besser umgehen zu können, sich nicht entmutigen zu lassen und sich lieber auf die konstruktiv und wertschätzend formulierten Äußerungen – ob positiven oder negativen Inhaltes – zu konzentrieren.

Checkliste – Herausforderungen

Checkliste …	
Vorbereitet sein auf Herausforderungen …	✓
Kopfkino und Realität • Mögliche Herausforderungen – denkbare besondere Situationen im Teilnehmendenkreis – mögliche Reaktionen – Griff in den Methodenkoffer	
Umgang mit Feedback • Stimmungsbild in der Veranstaltung • Evaluation nach der Veranstaltung • …	

Ein gutes Ende finden …

Ein gutes **Zeitmanagement** wirkt sich sehr auf den **Erfolg der Veranstaltung** aus; denn der letzte Eindruck zum Schluss bleibt meist sehr intensiv im Gedächtnis der Beteiligten. Dabei sollte darauf geachtet werden, dass versprochene Inhalte tatsächlich abgedeckt werden und die zeitliche Verteilung angemessen und ausgewogen ist.

Findet der zeitliche Aspekt in der Planung und Durchführung ausreichend Berücksichtigung, so strahlt dies **Zuverlässigkeit und Verlässlichkeit** aus und die Teilnehmenden können sich ganz **auf die Inhalte einlassen.** Dies signalisiert außerdem eine **Wertschätzung** gegenüber den **Bedürf-**

nissen der Teilnehmenden, die dann selbst verlässlich um die Veranstaltung herum planen können, ohne wichtige Teile – etwa bei Nichteinhaltung der kommunizierten Veranstaltungsdauer durch Überziehen oder Pausenzeiten – verpassen zu müssen.

Infolge eines guten Zeitmanagements und einer pünktlichen Beendigung können die Beteiligten sodann gemeinsam ein gutes Ende der Veranstaltung finden.

- Die in der Inhaltsbeschreibung und zu Beginn der Veranstaltung kommunizierten Inhalte sollten entsprechend ihrer Gewichtung ausreichend Raum in der Veranstaltung erhalten.
- Ein gutes und verlässliches Zeitmanagement sollte durchgängig vorhanden sein.
- Während der Veranstaltung sollte regelmäßig deutlich darauf aufmerksam gemacht werden, dass der zeitliche Ablauf der Planung entspricht, um dadurch eventuell besorgte Teilnehmende zu beruhigen und deutlich zu machen, dass der organisatorische Prozess stets unter Kontrolle ist.

Zusammenfassen

Zum Abschluss der Veranstaltung eignet sich eine umfassende kompakte Zusammenfassung der vermittelten Inhalte; dadurch wird der **Mehrwert** der Veranstaltung für die Teilnehmenden deutlich. In einer solchen **kompakten Darstellung** erkennen viele Teilnehmende, wie sinnvoll die Teilnahme an der Veranstaltung für sie war.

Exkurs

Für die Wiederholung der wesentlichen vermittelten Inhalte kann auf den dargestellten *didaktischen Methodenkoffer* zurückgegriffen werden.

Feedback

Eine Einschätzung der Teilnehmenden kann bereits während der Lehrveranstaltung sinnvoll sein, um ggf. noch Anpassungen an die Bedürfnisse der Beteiligten vornehmen zu können.

> *Beispiel*
>
> *Damit auch Personen, die sich ungern vor anderen Personen äußern, die Möglichkeit haben, ihre Einschätzung oder Verbesserungsvorschläge anonym während der laufenden Veranstaltung abzugeben, können z. B. Karten ausgelegt werden, die von den Teilnehmenden beschrieben in ein Behältnis gelegt oder auf die verdeckte Rückseite einer Pinnwand gehängt werden können.*

Ein Feedback zum Abschluss in gemeinsamer Runde stellt häufig einen **angenehmen Abschluss** für alle dar, indem dadurch das Ende der Veranstaltung deutlich nach außen von allen Beteiligten symbolisiert wird und die Möglichkeit jeder Person besteht, sich nochmals einbringen zu können.

Exkurs

Hinsichtlich des Umgangs mit Feedback/Kritik/Evaluationen wird auf den vorangegangenen Teil verwiesen.

Checkliste …	
Ein gutes Ende finden …	✓
Zeitmanagement … • die Uhr während der gesamten Veranstaltung im Blick behalten, • Zeitmanagement regelmäßig offen und versichernd ansprechen.	
Zusammenfassen … • kompakte Zusammenfassung der wesentlichen vermittelten Inhalte, • Nutzen didaktischer Methoden zwecks Wiederholung/Zusammenfassung durch die Teilnehmenden.	
Feedback … • Stimmungsbild (zwischendurch/zum Abschluss), • anonym schriftlich.	

Nach der Veranstaltung ist vor der Veranstaltung

Im Idealfall wird eine Lehrveranstaltung für mehrere Durchführungen konzipiert. Damit sich die Mühe der Erarbeitung eines guten Veranstaltungs- und Lehrkonzeptes lohnt und damit die Veranstaltung ein Erfolg wird, sollte auf die Erfahrungen jeder einzelnen Veranstaltungsdurchführung zurückgegriffen werden und das Konzept immer weiterentwickelt werden.

Die Mühe lohnt sich ...

Der Rückgriff auf die eigene Einschätzung des Verlaufs der Veranstaltung, die kritische Beurteilung der Unterlagen, die Beobachtung der Reaktionen der Teilnehmenden während der Veranstaltung und das Feedback der Teilnehmenden dient dazu, die vergangene Veranstaltung selbstkritisch zu eruieren und diese weiterentwickeln zu können.

Die **Erkenntnisse** sollten möglichst **zeitnah** in das Veranstaltungs- und Lehrkonzept mit **integriert** werden. Wenn die Veranstaltung ein Erfolg war, so wird diese mit weiteren **Überarbeitungen, Konkretisierungen und Aktualisierung** mit der Zeit noch besser werden; zumal **Souveränität und Sicherheit** mit jedem Mal größer werden. Empfehlungen der Teilnehmenden und Gespräche mit anderen über das Stattfinden der Veranstaltung sorgen dafür, dass auch zukünftig viele zufriedene Teilnehmende die erfolgreiche Veranstaltung besuchen werden.

Checkliste – nach der Veranstaltung …

Checkliste …	
Nach der Veranstaltung ist vor der Veranstaltung … am besten zeitnah …	✓
Eigene Eindrücke • Notizen anfertigen, • Konzeptplanung und tatsächliche Durchführung anpassen.	
Unterlagen • Verständlichkeit? • Fehler? • Aktualisierung? • Umfang?	
Feedback der Teilnehmenden • Stimmung im Raum / Zwischentöne, • Äußerungen, • Evaluation, • Empfehlung, • Kritik.	

Die Autorin

Prof. Dr. Maike Langenhan-Komus studierte Rechtswissenschaften an den Universitäten in Münster und Mainz und wurde an der Universität zu Köln zum Dr. iur. promoviert.

Die Autorin ist seit vielen Jahre in der Lehre als Professorin an Hochschulen und in der Erwachsenenbildung als Trainerin tätig; dabei greift sie regelmäßig auf ihre Erfahrungen als Führungskraft sowie ihre Expertise als Coach für Führungskräfte zurück.

In dieser Reihe ist von der Autorin außerdem der Arbeitsrecht Crashkurs im Jahr 2022 und der Praxiskurs Vergaberecht im Jahr 2023 erschienen.

beck.de

ISBN Print: 978-3-406-82024-3
ISBN E-Book: 978-3-406-82025-0

Wilhelmstraße 9, 80801 München
Druck und Bindung: Beltz Grafische Betriebe GmbH
Am Fliegerhorst 8, 99947 Bad Langensalza

Satz: Fotosatz Buck
Zweikirchener Straße 7, 84036 Kumhausen
Umschlag: Ralph Zimmermann – Bureau Parapluie
Umschlagbild: © strichfiguren – stock.adobe.com (modifiziert)

chbeck.de/nachhaltig

Gedruckt auf säurefreiem, alterungsbeständigem Papier
(hergestellt aus chlorfrei gebleichtem Zellstoff)